U0681866

滨海城市蓝皮书

BLUE BOOK OF
COASTAL CITIES IN CHINA

中国滨海城市发展报告
（2018~2019）

ANNUAL REPORT ON THE DEVELOPMENT OF COASTAL
CITIES IN CHINA (2018-2019)

主　编／吴　尧　叶桂平

社会科学文献出版社
SOCIAL SCIENCES ACADEMIC PRESS（CHINA）

图书在版编目（CIP）数据

中国滨海城市发展报告. 2018～2019 / 吴尧，叶桂平主编. -- 北京：社会科学文献出版社，2019.4
（滨海城市蓝皮书）
ISBN 978 - 7 - 5201 - 4629 - 6

Ⅰ.①中… Ⅱ.①吴… ②叶… Ⅲ.①海滨 - 城市发展 - 研究报告 - 中国 - 2018 - 2019 Ⅳ.①F299.2

中国版本图书馆 CIP 数据核字（2019）第 057910 号

滨海城市蓝皮书
中国滨海城市发展报告（2018～2019）

主　　编 / 吴　尧　叶桂平

出 版 人 / 谢寿光
责任编辑 / 张苏琴　冯　蕊

出　　版 / 社会科学文献出版社·当代世界出版分社（010）59367004
　　　　　　地址：北京市北三环中路甲 29 号院华龙大厦　邮编：100029
　　　　　　网址：www.ssap.com.cn
发　　行 / 市场营销中心（010）59367081　59367083
印　　装 / 三河市东方印刷有限公司

规　　格 / 开　本：787mm × 1092mm　1/16
　　　　　　印　张：14.5　字　数：215 千字
版　　次 / 2019 年 4 月第 1 版　2019 年 4 月第 1 次印刷
书　　号 / ISBN 978 - 7 - 5201 - 4629 - 6
定　　价 / 168.00 元

　　本书受到澳门基金会以及北京建筑大学北京未来城市设计高精尖创新中心（未来"城市－建筑"设计理论与探索实践研究，项目编号：UDC2018010411）的支持。

主要编撰者简介

吴 尧 澳门城市大学创新设计学院院长、教授、博士生导师，毕业于东南大学建筑学院，获工学博士学位。主要从事建筑设计方法与理论研究、城市规划设计方法与理论研究、文化遗产保护与利用研究。先后出版专著及教材十余部、发表论文数十篇。研究成果曾获得澳门人文社会科学研究优秀成果评奖著作类优异奖、香港特区建筑师学会年度最佳研究论文奖、江苏省哲学社会科学优秀成果评奖三等奖、江苏省高校第八届哲学社会科学优秀成果三等奖等。

叶桂平 教授，现为澳门城市大学协理副校长、澳门社会经济发展研究中心主任。曾先后取得中山大学经济学学士、北京大学管理学硕士、中国社会科学院研究生院经济学博士和国家行政学院公共管理硕士（MPA）学位。曾任澳门特区政府政策研究室研究员、武汉大学政治与公共管理学院博士后、澳门科技大学国际旅游学院课程协调主任、助理教授，及澳门贸易投资促进局研究暨资料处高级技术员等职务。目前的社会兼职还包括：南京大学公共事务与公共政策研究所客座研究员、中国拉美学会理事、北京大学澳门校友会理事、中国社会科学院研究生院澳门校友会理事、澳门发展策略研究中心常务理事、澳门学者同盟副会长等。

摘　要

澳门城市大学创新设计学院携手港澳台与内地"城市规划与设计"专业领域的学者，共同编写《中国滨海城市发展报告（2018～2019）》，本书由总报告、城市评价篇和附录三部分共 12 篇报告组成，附录为 2012～2018年中国滨海城市发展大事记。这是一部关于 2018 年中国滨海城市发展现状、问题与特征，以及关注滨海城市未来发展趋势并提出政策建议的研究报告。

2019 年是澳门回归祖国 20 周年，这一时刻不但具有重要的历史意义，也象征澳门在中国滨海城市群中，以开拓全球化视野引领着旅游经济发展的使命有了新的开端。经济全球化与区域型经济的相互结合，让拥有地理优势和珍贵资源的滨海城市快速崛起，如纽约、旧金山和东京等世界知名城市，皆属于滨海城市，因环境条件优越而顺势发展出港湾经济，也为城市发展和所在国家带来诸多商机，更创造出令人惊叹的都市实体建设，进而开启滨海城市新风貌。今日中国已成为世界经济强国，并且在不断提升经济发展的水平。随着港珠澳大桥的开通以及粤港澳大湾区相关政策的实施，逐渐带动起沿海一带的城市经济发展。有鉴于此，《中国滨海城市发展报告（2018～2019）》涉及大连、天津、青岛、上海、厦门、深圳、三亚、台南（台湾）、香港和澳门，研究范围涵盖海峡两岸具有代表性的城市。前述这些滨海城市有各自的城市特色与发展侧重，涉及宜居城市、生态城市、智慧城市、高效城市、都市更新、城市品牌、城市风貌、世界遗产、滨海风景、旅游发展和经济产业等课题，还有当前在国家政策层面探讨港珠澳大桥开通后，所引起的三地联结与城市协同发展等问题，探索当前滨海各大城市在未来发展时所要面临的各种不同层面挑战的解决方案。在此，针对这些特定城市的现状研究，提供了可参考的依据。

《中国滨海城市发展报告（2018～2019）》一书的专家学者，分别针对不同滨海城市所关注的课题，采取相对应的研究方法，通过详细的文献综述辅以质化或量化研究方式，从城市发展的立场出发，让读者可以清楚地了解滨海城市的现状和未来可能产生的变化。同时，本书也可以被视为中国在经济发展的时代中，以学术研究的角度来反思"中国滨海城市发展"的下一个愿景。本书通过选取特定的滨海城市，针对其现状和问题，在各篇章分报告中提出可能的对策建议，期待可以引发更多的社会讨论，一同为中国滨海城市发展增添助力。

关键词：滨海城市　城市规划与设计　经济与产业发展　社会效益

序 言

在快速的城镇化进程中，中国东部滨海城市借助其资源和物流方面的优势迅速发展。人口和经济快速增长，城市建设日新月异，物流、交通、工业、旅游业、房地产开发、娱乐等相关产业的建设初具规模。滨海城市凭借13%的国土面积，聚集了全国50%的人口，创造了60%的国内生产总值。以长三角、珠三角和环渤海为代表的滨海城市群，已形成具有强大辐射力和影响力的大都会经济圈，成为区域乃至国家社会发展的引领中心。

在高速发展过程中，由于开发和建设的管控存在尝试与不规范之处，滨海城市也出现了诸多的问题，面临严峻的挑战。例如，发展模式的粗放、生态海岸线的蚕食、局部空气质量的恶化、自然资源的浪费、旧城更新与棕地治理的压力、城市交通的拥挤、住房与社会资源分配的失衡、新旧产能转换的需求与城乡二元结构的差异等。

在庆祝改革开放40周年与粤港澳大湾区规划纲要即将出台之际，我们在大湾区中心城市澳门特别行政区成功举行了第一届滨海城市规划与设计国际学术研讨会。来自中国内地、中国香港、中国澳门、中国台湾，以及新加坡和美国的学者齐聚在澳门城市大学，多形式、多层次、多角度探讨滨海城市相关议题。此次编写的《中国滨海城市发展报告（2018～2019）》，汇集了这些学者的优秀研究成果，总结了城市发展的现状、问题和特征，并预测发展趋势和提出相关政策建议。

虽面临挑战，但中国滨海城市仍有巨大的优势，吸引着大量人群涌入，发展极具潜力。望此报告可促进实现中国滨海城市宜居、宜业、宜行、宜游和宜乐的定位与目标，提高社会与人民福祉，立足具体国情，"多规合一"，推动城乡健康和高质量可持续发展。

我对主编吴尧教授及所有报告章节作者致以诚挚的祝贺与感谢。同时，感谢澳门城市大学和社会科学文献出版社为此报告的出版所做出的努力。

中国工程院

孟建民　院士

2019 年 3 月 13 日

目 录

Ⅰ 总报告

B.1 中国滨海城市宜居评价体系构建原则及方法……………… 沈国强 / 001

Ⅱ 城市评价篇

B.2 大连：城市旅游发展、经济产业优化与城市风貌营造

…………………………………………… 王晓军 / 015

B.3 天津：基于区域生态协同的滨海城市新区规划策略

………………………………… 陈 天 李阳力 / 032

B.4 青岛：城市发展与规划建设……………… 王 琳 王玮玲 / 051

B.5 上海：新城区建设、社区发展规划和历史文化名城保护

………………………… 刘 冰 张秋扬 徐逸菁 / 064

B.6 厦门：城中村改造、岛内外村镇建设和城市发展……… 李孟顺 / 082

B.7 深圳：智慧城市、城市更新与城市营销

……………………… 柯春鹏 叶昌东 李健灵 / 094

B.8 三亚：热带海岛滨海旅游发展、城市形象塑造与城市

休闲区建设…………………………………… 余思奇 / 116

B. 9 台南：历史文化遗产保护、运河环保与新城区建设

.... 谢俊民　李永奇　何弈萱 / 130

B. 10 香港、澳门及大湾区：高效城市运营与管理、国际都会

旅游与城市生态保护 .... 倪孟正 / 148

B. 11 澳门：世遗古迹保护、旅游中心建设与港珠澳联结

.... 朱　蓉　王伯勋　吴　维 / 163

Ⅲ　附录

B. 12 中国滨海城市发展大事记（2012～2018）

.... 尹晓昕　赵晓铭　梁惠兰 / 182

Abstract .... / 200

Contents .... / 202

皮书数据库阅读**使用指南**

总 报 告

General Report

B.1
中国滨海城市宜居评价体系
构建原则及方法

沈国强*

摘 要： 按联合国的简明概括，宜居城市是"一个充满和平、和谐、希望、尊严、健康和幸福的家园"。宜居的滨海城市，除了应该具有一般城市的宜居性，还应该基于和发挥其滨海生态系统和地域空间的特点，形成经济贸易、社会服务、环境居住、文化教育、娱乐旅游、创新创优和维稳安全等多方面优势。然而，不是所有滨海城市都是同样宜居的，同一个滨海城市在不同历史阶段宜居程度也不同。本文在分析世界宜居城市发展、规划、保护理论和实践基础上，结

---

* 沈国强，美国俄亥俄州立大学城市规划博士，得克萨斯大学阿灵顿分析建筑、规划和公共事务学院区域和城市规划系教授、系主任，研究方向：城市规划和设计，创意住宅和居住区规划设计，城市经济和房地产、交通和物流，城市空间形态和定量分析。

合最新可持续城市、智慧城市、特色城市、创意城市等评价体系和内容，研究滨海宜居城市的构建要素和体系，结合国际上广泛应用的评估方法和手段，提出中国滨海宜居城市构建体系和方法，总结和提出一些常用和较新的定量模型评价方法。

关键词： 宜居 滨海城市 体系和方法 定量和定性

一 引言

人类的居住环境是人类思想、科学、技术和艺术的集中而具体的物质表现之一，从远古的穴居到农耕时代的村庄，再到今天的城市，都是如此。其中城市是人类最大的发明，也是迄今为止最高级别的集体居住形式。"城市是为了同一目的或兴趣而集体生活的一种空间形式。使城市宜居意味着有必要的基础设施和环境服务以通过经济的增长来降低贫穷"（亚洲发展银行）。城市的宜居是通过设计健康的居住环境和产业并形成一定规模后来支持各种社会生活的场所。的确，人类的历史可以从城市发展历史中很清楚地看到，从欧洲的花园城市、美国的城市美化运动和新城市主义，到中国40年改革开放后历史性城市化进程，宜居都是一个重要的城市目标。这对一般城市如此，对滨海城市更是如此。①

地球表面70%是由海洋覆盖的，在全球200多个国家中，很多城市是沿海滨形成和发展起来的，中国也是如此。滨海城市有其特点，包括一部分城市边界有海岸线，有海岸气候特点，相对潮湿、雨水充足、阳光日照多、植被丰富，部分也是港口城市，是中国对外交流的门户城市。

---

① Friedman John, *The Prospect of Cities*, Minneapolis: University of Minnesota Press, 2002; The Economist: http://www.eiu.com/public/topical_ report.aspx? campaignid = liveability2018.

滨海城市顾名思义指的是拥有一定海岸线，而且至少有部分城市边缘是滨海的，无论是自然接海，还是人工填海而成，或是通过海湾连接，是对于海洋有依赖背景和发展牵连的城市。宜居滨海城市不但具有以上滨海城市要素，还要有宜居城市的特点。世界上比较有名的滨海城市有意大利的威尼斯、西班牙的巴塞罗那、澳大利亚的悉尼、美国的夏威夷和迈阿密、南非的开普敦、巴西的里约热内卢、加拿大的温哥华，以及以色列的特拉维夫。

我国很多城市集中在沿海地区，重要的政治、经济、文化活动发生在沿海地区，形成了多个沿海城市圈，进而成为一条巨大的沿海城市带。中国著名的滨海开放城市有大连、秦皇岛、天津、烟台、青岛、日照、连云港、南通、上海、宁波、温州、福州、广州、湛江和北海；滨海特区有深圳、珠海、厦门、汕头和海南；直辖滨海城市有天津和上海；滨海地级单列市有丹东、营口、葫芦岛、秦皇岛、黄骅、唐山、沧州、滨州、东营、潍坊、威海、烟台、日照、连云港、盐城、泰州、南通、舟山、台州、温州、宁德、福州、莆田、泉州、漳州、江门、汕头、汕尾、惠州、珠海、阳江、茂名、湛江、海口、三亚、东方、文昌、三沙、北海、钦州和防城港；港澳台的滨海城市有香港、澳门、基隆和高雄。

这些滨海城市构成了我国沿海城市的主体，也是旅游、商贸、文化、养生和度假的天堂。但是这些滨海城市从南到北跨越了亚热带到寒带的不同气候，有着不同的海水、沙滩质量和长短不一的海岸线，渔业资源各异，人文景观多样，经济产业不同，管理理念和水平也有一定差别，这些都会导致城市宜居程度的不同。本文主要讨论影响中国滨海城市宜居性的因素，以及评价体系的原则和方法。

二 基本概念

宜居和宜居城市没有统一的概念和定义。按照联合国人居环境署的定义（UN，1996），一个宜居的城市必须是管理很好或有效（Effectiveness）的城市，其中有效就是指政府提供服务和对社会问题的响应要有效率，对不同人的基本需求（营养、教育、健康、住房、饮水）的平衡对待，广泛的市民参与领导选举和决策过程，政策和法规透明执行的可靠性，以及有足够的机制来保护市民的安全、健康和环境安全。

尽管莫衷一是，但宜居性仍有几个要素，包括：（1）经济发展有活力且有竞争性，（2）环境友好和可持续性，（3）安全、稳定、和谐，（4）良好的社会文化环境，（5）合理公开的公共管理，以及（6）市民和社区生活的幸福感。基于此，宜居城市概念的特点是有一个经济有活力、环境可持续、生活高品质、文化多元、稳定安全、和谐开放和大众公平有效管理的城市。总的来说，优秀的宜居城市一定是以下几种城市的交集，即智慧城市、可持续城市、健康城市、幸福城市、创意城市和绿色城市。①

滨海宜居城市的指标和要素很重要，但不是所有指标和因素都同等重要，好的要素有什么共同点呢？首先，单个要素要清楚和简单，容易理解和体察。其次，要可以测量，技术上容易获得，科学上符合逻辑和常识。最后，要素是可以搜集和运作的，可以用来描述城市的可持续性、智慧和韧性，也要能经受时间和空间的考量。②

对城市宜居性的判断与主观因素和客观因素都有关系。主观因素主要是反映个人或群体对滨海城市整体或某一方面的相对印象、感觉和知名度等，一般是通过问卷调查获得。客观因素包括外在的各种有关内容，比如健康因素可以包括每个城市的医院个数、床位数、医生护士人数、设备和价格等。再比如，教育因素可以是基础中小学个数、大学个数、职业教育学校数量、大学生比例、教育投资等。客观因素基于政府和其他机构的数据搜集和公布。一般来说，客观因素比较可靠，特别是有时间序列的数据还可以做对比和验

①　张文忠：《宜居城市建设的核心框架》，《地理研究》2016 年第 2 期。
②　李丽萍、郭宝华：《关于宜居城市的理论探讨》，《城市发展研究》2006 年第 2 期。

证。主观问卷调查数据也可以和客观数据结合综合评估滨海城市的宜居性。[①]

国外宜居城市的研究开始得比较早，文献和数据分析发现，主要分布于22 个数据库，其中以政府和非营利机构为主导的数据库有9 个，以大学和私人机构为主导的数据库分别为 1 个和 3 个。在这 22 个数据库中，共有 377个要素被认为对宜居性有影响，包括 137 个环境要素、116 个社会要素和 51个经济要素（见附表 1）。

三　文献分析

关于城市宜居性的科学研究、评价、排名、体系和指标运用，国内外都已经做了不少研究，尤其是国外。例如，1933 年由国际建协（CIAM）通过的"雅典宪章"就已经开始强调包括居住、工作、游憩和交通在内的四大城市功能，以及通过城乡统筹协作来规划设计和管理城市的宜居性。世界卫生组织（WHO）于 1966 年提出了安全性（safety）、健康性（healthy）、便利性（convenience）和舒适性（amenity）四项基本城市宜居生活标准。1976 年联合国首届人居大会提出可持续发展住宅区和基础设施。1977 年通过的"马丘比丘宪章"在"雅典宪章"的基础上，进一步强调了文化艺术、公众参与、环境保护、遗产保护等方面对城市的重要性，它们共同促进了对城市宜居问题的认识和构建了宜居性研究的早期理论基础。[②]

1987 年由联合国人居环境署提出城市可持续性概念，2004 年的《伦敦规划》中也提出宜居城市的概念，后逐步在全球各地的城市评估中使用和

---

① Lu, M., "Determinants of Residential Satisfaction: Ordered Logit vs. Regression Models", *Growth and Change*, Vol. 30, 1999, pp. 264 - 287; Pacione, M., "Urban environmental quality of human wellbeing – a social geographical perspective", *Landscape and Urban Planning*, Vol. 65 (1 - 2), 2003, pp. 19 - 30.

② 张文忠：《宜居城市的内涵及评价指标体系探讨》，《城市规划学刊》2007 年第 3 期；Douglass, M., "From Global Intercity Competition to Cooperation for Livable Cities and Economic Resilience in Pacific Asia", *Environment and Urbanization*, Vol. 14 (1), 2002, pp. 53 - 68; Evans P., Ed, *Livable cities urban struggles for livelihood and sustainability*, Berkeley: University of California Press, 2002.

拓展。例如，《经济学家》期刊每年发布的 140 多个全球城市宜居性排名，主要关注宜居性的安全、医疗、文化、环境、教育、设施等方面因素。其 2018 年发布的前 10 名宜居城市包括奥地利的维也纳、澳大利亚的墨尔本、日本的大阪、加拿大的卡尔加里、澳大利亚的悉尼、加拿大的温哥华、日本的东京、加拿大的多伦多、丹麦的哥本哈根和澳大利亚的阿德莱德。2015 ~ 2018 年上榜的城市还包括澳大利亚的珀斯、新西兰的奥克兰、芬兰的赫尔辛基、瑞士的苏黎世、德国的汉堡。①

中国城市人居环境评估起源于人居环境科学②，2000 年建设部成立了中国人居环境奖，2006 年《中国宜居城市研究报告（北京）》蓝皮书以北京为例研究了宜居城市的评价和研究方法。孟斌等人③以及张文忠等人④研究了不同空间尺度下的宜居城市，特别是以北京为例研究宜居城市的安全、健康、方便、便捷、舒适、美誉等方面，建立了一个主客观角度评价宜居性的指标体系。自 2005 年中国城市科学研究会开始了建设部立项的年度 GN 中国宜居城市评价，通过综合评价包括生态、健康、安全、便利、舒适、经济、文明在内的 7 项一级指标，48 项二级指标，74 项三级指标，评估和排名了 289 个中国城市。⑤

四　评价方法

（一）定性方法

文献分析法：文献包括学术研究论文、书籍、报告、视频类资料。包括

---

① Marsal - Llacuna, M - L, Colomer - Llinàs, Joan, & Meléndez - Frigola, Joaquim, "Lessons in Urban Monitoring Taken from Sustainable and Livable Cities to Better Address the Smart Cities Initiative", *Technological Forecasting & Social Change*, Vol. 90, 2015, pp. 611 – 622.

② 吴良镛：《人居环境科学导论》，中国建筑工业出版社，2001。

③ 孟斌、于慧丽、郑丽敏：《北京大型居住区居民通勤行为对比研究——以望京居住区和天通苑居住区为例》，《地理研究》2012 年第 11 期。

④ 张文忠、尹卫红、张景秋：《中国宜居城市研究报告（北京）》，社会科学文献出版社，2006。

⑤ 谌丽、张文忠、李业锦：《大连居民的城市宜居性评价》，《地理学报》2008 年第 63 卷第 10 期。

多城市比较分析和单个城市的案例分析，可以是注重评价方法和模型的，也可以是关注评价指标、要素和评价目的的。文献分析法的优点是包罗万象，不但有定量和定性的宜居研究，也有对宜居城市的描述和叙事。尽管不同文献对同一个或同一组城市的评价结果不同，综合大多数文献的结果还是可以得到一个大致的宜居城市顺序。

专家意见法：是指询问和搜集不同方面的学者、领导和专家如何评估滨海宜居城市。专家意见法可以比较快速和直接地得到对滨海城市宜居性的评价结果，对咨询专家后得到的排名或打分数据进行简单平均就可以得到结果，不需要复杂模型和算法，并且有一定的权威性和可靠度。

公众投票法：和专家意见相反，公众投票法是指通过大众的投票来确定一组滨海城市的宜居性。公众投票问卷量比较大，得到的是使用者的反馈，而实行起来会有一定数量的公众对某些问题扩大或缩小，因此可能带来数据的不精确。

（二）定量方法

多标准多因子决策方法：多标准、多因子、多层次的决策模型是滨海宜居城市评价和排名最常用的定量方法。该方法逻辑明确、系统性强、容易理解，但依赖于多层次、多因素的选择、综合或排名。综合各种不同性质、不同尺度、不同内容的要素相当困难，精准应用需要有一定的数据、标准和综合结果。除了多标准、多因子的决策模型，常用的定量分析方法还有层次分析、神经网络、概率模型等。随着互联网和社交媒体的应用，现在流行的以大数据、人工智能、大众点评为基础的排名，也在逐步纳入滨海宜居城市评价体系。

五 评价模型

（一）多标准综合决策模型（Multi - Criteria Decision Making，MCDM）

多标准综合决策模型有很多变种，但主要概念是基于多层次、多指标、多因素主观或客观分值来综合考虑一个决策或计划的优劣、高低，为选择或决策做参考依据。多标准综合决策模型已经被广泛用于很多领域的评估和评价。就滨海宜居城市而言，尽管不同的组织机构发布了不同的数据库，但没有一个是完美的，数据量也不够大，很少数据可以通用，数据在被具体采纳和应用时还需按不同使用者的需要被解释和认可。[①]

多标准综合决策模型应用到宜居性研究中，所需数据一般可以分为三个层面。第一层是 $M = 1 - m$ 个指标分组，对每个第一层指标分组，第二层再分 $N = 1 - n$ 个指标分项，对每个第二层指标分项，第三层再分成 $P = 1 - p$ 个指标要素，这样任何一个指标分组 m、分项 n 以及要素 p 共同确定的指标内容 X 都可以具体表示为 X_{mn}^{p}。考虑到每个指标内容都可以对宜居有正面效应，也可以有负面效应，X 可以再分为正的 $+$ 和负的 $-$，这样多个城市宜居指标就可以根据指标的权重（A_{mn}^{+p}，A_{mn}^{-p}）和综合效应 $\sum_{m,n}^{p} (A_{mn}^{+p} X_{mn}^{+p} - A_{mn}^{-p} X_{mn}^{-p})$ 来排名和分级，这样定量化的综合效应属于多标准综合决策的问题。

（二）层次分析模型（Analytical Hierarchical Process，AHP）

层次分析模型是美国运筹学家 Thomas Saaty 于 20 世纪 70 年代提出的一种定性与定量相结合的多因子综合评价和决策方法。[②] 常见于多指标、多分项、多要素和多层次决策问题，适合多名决策人参与的复杂方案或政策的评价、排名及选择。层次分析模型的应用一般有 5 个步骤：（1）确定层次结构，即根据目标、因素和决策建立高、中、低层次结构；（2）建立判断矩阵，即根据相互比较确定因子的权重矩阵；（3）确立因素重要性，即确定同一层次上各因子重要性排序；（4）判断矩阵检验，即确保判断矩阵中思

---

① Belton, V., & Stewart, T., *Multiple criteria decision analysis: An integrated approach*, Springer, 2002.

② Saaty, Thomas L., *The Analytic Hierarchy Process: Planning, Priority Setting, Resource Allocation*, McGraw-Hill, 1980；许树柏：《实用决策方法：层次分析法原理》，天津大学出版社，1998。

维逻辑的一致性；（5）确定总排序，即确定最高层各因子相对总目标重要性的权重排序。层次分析模型的优点是方法的系统性、逻辑性、实用性和简洁性，方便决策者参与和决策。

（三）人工神经网络（Artificial Neural Network，ANN）

人工神经网络是以网络拓扑为理论，模拟人的神经系统处理信息的一种运算模型。该模型将大量神经元作为节点并连接成网络，每个节点代表一种特定的激活函数。每两个节点间的连接都代表一个对于通过该连接信号的权重，通过多层次来处理较复杂的逻辑和定量关系，以此来模拟人类对问题的记忆、学习和决策能力。人工神经网络已经是人工智能的重要组成部分，对滨海宜居城市评价中需要处理的多因素间非线性关系，相对于 MCDM 和 AHP 具有很大的优势。[1]

（四）统计和概率模型（Statistical Model and Probability Model）

宜居城市的评价本质上是多因素综合评价，关键之一是确定因素后的每个因素的统计分布值或概率值，也就是评价中的权重值，而每一个因素的统计分布值和权重值又是相对其他因素而言的。因此，统计和概率模型是用来描述不同随机变量之间相互非确定性的统计概率关系，相对的因素分布值和概率值作为权重值。这里统计模型和概率模型的不同之处在于，统计模型中因素的分布值是统计后确定的，概率模型中变量的分布值是假定好的。常见的概率模型有 Logit model 和 Probit model[2]，常见的统计模型有 Normal 和 Poisson distribution。[3]

---

[1] Zurada, J. M., *Introduction to Artificial Neural System*, Boston：PWS, 1992.

[2] Alon, Noga, & Spencer, Joel H., *The Probabilistic Method*（2ed）, John Wiley – Interscience, 2004.

[3] Konishi, S., & Kitagawa, G., *Information Criteria and Statistical Modeling*, Springer, 2008.

（五）排名模型（Ranking Model，RM）

无论是滨海宜居城市评价体系，还是其他评比（如网页、产品、学校），本质上都和排名有直接关系。这里谈的排名模型主要是指大众可以参与的（如宜居城市投票）、需要指标因素权重的（如气候、经济）和参与渠道公开的（如互联网）排名活动。这类排名实际操作时需要有指标因素分类、模型初始数据的训练、回归和优化偏差的运算来综合得到最终排名，这种排名是个性化的，反映在因子权重和最终排名上会有所不同。预计随着数据的公开化、互联网使用的进一步扩大，这种大众参与式排名模型在滨海宜居城市评价中会更流行，也会发挥更大作用。①

（六）其他评价排名模型

其他还有不少实用的评价排名方法，比如网络问卷、邮寄问卷、电话问卷、面向专家的问卷、面向领导人员的问卷或面向大众的问卷。就大众问卷而言，还可以按不同年龄、性别、社会背景等进行问卷调查。这种问卷评价排名的优点是比较快，但受参与人的主观因素影响很大。

六　评价层次和要素

评价体系内的层次可多可少，但层次太多会很细杂，层次太少又太笼统，一般3~5层为宜，比如"五（一）"中说到的指标分组、指标分项、指标要素3层。每一层的分组、分项和要素也不宜太多，一般3~10个为宜。结合国内外滨海城市宜居性研究，经归纳后建议如下（见表1至表6）。

---

① Geng, B. L., Yang, C. Xu, & Hua, X., "Ranking model adaptation for domain – specific search", *Knowledge and Data Engineering*, *IEEE Transactions on*, Vol. 24（4），2012, pp. 745 –758.

表1　第一层示意性指标分组（城市经济、环境、安全、生活和管理5组）

1	城市经济	2	城市环境	3	城市安全	4	城市生活	5	城市管理
1.1	经济表现	2.1	环境污染	3.1	犯罪比率	4.1	医疗保健	5.1	政策执行
1.2	开放程度	2.2	资源匮乏	3.2	安全隐患	4.2	科研教育	5.2	政务系统
1.3	基础设施	2.3	环保建议	3.3	治安动乱	4.3	衣食住行	5.3	透明可信
1.4	政策法规	2.4	环境修复	3.4	自然灾害	4.4	社会公平	5.4	腐败渎职
1.5	创业创新	2.5	可持续性	3.5	人为事故	4.5	社区和谐	5.5	公民参与

表2　第二层城市经济分组中表现、开放、设施、法规、双创5个指标分项和要素

1. 城市经济									
1.1	经济表现	1.2	开放程度	1.3	基础设施	1.4	政策法规	1.5	创业创新
1.1.1	生产总值	1.2.1	引进外资	1.3.1	电话用户	1.4.1	法规健全	1.5.1	创新计划
1.1.2	真实GDP	1.2.2	贸易份额	1.3.2	电脑用户	1.4.2	政策灵活	1.5.2	创业计划
1.1.3	劳动效率	1.2.3	国有企业	1.3.3	网络用户	1.4.3	税费优惠	1.5.3	人才政策
1.1.4	家庭消费	1.2.4	贸易壁垒	1.3.4	公路投建	1.4.4	规范制定	1.5.4	扶持政策
1.1.5	失业比率	1.2.5	自贸协议	1.3.5	铁路投建	1.4.5	规范执行	1.5.5	科学项目
1.1.6	经济韧性	1.2.6	企业经营	1.3.6	机场投建	1.4.6	竞争环境	1.5.6	工程项目
1.1.7	固定投资	1.2.7	外资企业	1.3.7	医院投建	1.4.7	人力政策	1.5.7	创意项目
1.1.8	消费增长	1.2.8	国内游客	1.3.8	公园投建	1.4.8	贸易政策	1.5.8	文化项目
1.1.9	零售批发	1.2.9	经济自由	1.3.9	市政投建	1.4.9	金融政策	1.5.9	金融项目
1.1.10	负债比率	1.2.10	酒店入住	1.3.10	文体投建	1.4.10	区域政策	1.5.10	社科项目
1.1.11	收入增长	1.2.11	国际游客	1.3.11	公交投建	1.4.11	土地政策	1.5.11	综合项目

表3　第二层城市环境分组中污染、匮乏、建议、修复和可持续性5个指标分项和要素

2. 城市环境									
2.1	环境污染	2.2	资源匮乏	2.3	环保建议	2.4	环境修复	2.5	可持续性
2.1.1	碳排放量	2.2.1	再生能源	2.3.1	国际协议	2.4.1	水体修复	2.5.1	水源可续
2.1.2	硫排放量	2.2.2	传统能源	2.3.2	环保法规	2.4.2	生态修复	2.5.2	土壤可续
2.1.3	氮排放量	2.2.3	濒危生物	2.3.3	土地保护	2.4.3	土地修复	2.5.3	能源可续
2.1.4	尘粒雾霾	2.2.4	濒危植物	2.3.4	海洋保护	2.4.4	遗产保护	2.5.4	生态可续
2.1.5	水体污染	2.2.5	水质水量	2.3.5	空气净化	2.4.5	遗产修复	2.5.5	城市文化
2.1.6	土壤污染	2.2.6	地矿资源	2.3.6	法规执行	2.4.6	法规更新	2.5.6	社会可续
2.1.7	海洋污染	2.2.7	海洋资源	2.3.7	滨海保护	2.4.7	海洋生态	2.5.7	海洋文化

表4 第二层城市安全分组中犯罪、隐患、动乱、灾害和事故5个指标分项和要素

3. 城市安全									
3.1	犯罪比率	3.2	安全隐患	3.3	治安动乱	3.4	自然灾害	3.5	人为事故
3.1.1	自杀比率	3.2.1	恐袭损失	3.3.1	政治秩序	3.4.1	飓风风灾	3.5.1	生产事故
3.1.2	毒品贩卖	3.2.2	恐袭死亡	3.3.2	宗教种族	3.4.2	暴雨水涝	3.5.2	恐怖事故
3.1.3	犯罪成本	3.2.3	灾害死亡	3.3.3	社会矛盾	3.4.3	地震海啸	3.5.3	连环事故
3.1.4	罚款数量	3.2.4	海水质量	3.3.4	种族关系	3.4.4	防灾减灾	3.5.4	舆情政策

表5 第二层城市生活分组中保健、教育、衣食住行、公平与和谐5个指标分项和要素

4. 城市生活									
4.1	医疗保健	4.2	科研教育	4.3	衣食住行	4.4	社会公平	4.5	社区和谐
4.1.1	婴儿亡率	4.2.1	教育质量	4.3.1	贫民窟比	4.4.1	基尼系数	4.5.1	移民比率
4.1.2	生命周期	4.2.2	总入学率	4.3.2	居民人数	4.4.2	工作时数	4.5.2	宗教信仰
4.1.3	健康花销	4.2.3	教育投入	4.3.3	净水用户	4.4.3	贫困指数	4.5.3	游客感受
4.1.4	医院床数	4.2.4	初等教育	4.3.4	交网质量	4.4.4	儿童抚养	4.5.4	多元文化
4.1.5	医生人数	4.2.5	职业教育	4.3.5	公路质量	4.4.5	老人抚养	4.5.5	艺术氛围
4.1.6	医生水平	4.2.6	大学教育	4.3.6	铁路质量	4.4.6	残疾抚养	4.5.6	社区归属
4.1.7	医疗设备	4.2.7	研究经费	4.3.7	供电质量	4.4.7	养老社保	4.5.7	社服质量

表6 第二层城市管理分组中执行、系统、可信、腐败和参与5个指标分项和要素

5. 城市管理									
5.1	政策执行	5.2	政务系统	5.3	透明可信	5.4	腐败渎职	5.5	公民参与
5.1.1	政府效率	5.2.1	政府部门	5.3.1	政策透明	5.4.1	腐败控制	5.5.1	参与程度
5.1.2	政府开支	5.2.2	法制效力	5.3.2	决策透明	5.4.2	腐败认知	5.5.2	参与地点
5.1.3	地方税收	5.2.3	电子服务	5.3.3	可信程度	5.4.3	腐败案例	5.5.3	参与方式
5.1.4	执行质量	5.2.4	政治稳定	5.3.4	数据共享	5.4.4	渎职案例	5.5.4	参与内容
5.1.5	政策协调	5.2.5	社会秩序	5.3.5	协作成果	5.4.5	腐败后果	5.5.5	参与效果

七 讨论和结论

本文简要讨论了宜居性、宜居城市、滨海宜居城市的基本概念，并提到了国内外相关滨海城市，简明地整理了国内外相关文献，列出了常用定量和定性评估方法。结合国内滨海城市分层、分指标和分要素来评价排名，本文提出了建议性的3层指标要素，包括第一层5个指标分组，第二层5个指标分项，以及第三层的指标要素，并建议每层不要超过5~10个指标要素。

滨海宜居城市应该是充满和平、和谐、希望、尊严、健康和幸福的家园。除了应该具有一般城市的宜居性，还应该基于和发挥其滨海生态系统和地域空间的特点，形成经济贸易、社会服务、环境居住、文化教育、娱乐旅游、创新创优和维稳安全等多方面优势。本文在分析世界宜居城市发展、规划、保护的理论和实践基础上，结合可持续城市、智慧城市、特色城市、创意城市等评价体系和内容，提出我国滨海宜居城市的构建要素，结合国际上广泛应用的定量和定性评估方法和手段，提出我国滨海宜居城市的构建体系和方法，深入探讨体系内主要层面和关键因素，并总结和提出一些常用和较新的定量模型评价方法。

附表1 国外宜居城市研究主要数据库

Institutional（1）大学	**Private（3）私人机构**
1. Columbia Univ. + Yale Univ.—— 2010 Environmental Performance Index	1. ASLA + Lady Bird Johnson Wildflower Center—— Sustainable Sites Initiative
	2. PricewaterhouseCoopers——Cities of Opportunity
Non-Profits（9）非营利机构	3. Siemens——European Green City Index
1. CAP, ICLEI + USGBC——STAR Community Index	
2. GBCA（Australia）——Green Star	**Governments（9）政府**
3. Global Reporting Initiative——Sustainability Reporting Guidelines	1. Abu Dhabi——Estidama
4. International Institute for Sustainable Development	2. European Foundation——Urban Sustainability Indicators
5. Urban Ecology Coalition——Neighborhood Sustainability Indicators Guidebook	3. Central Texas Sustainability Indicators Project
6. USGBC——LEED ND	4. Houston Sustainability Indicators
7. The World Bank——Global City Indicators Facility	5. Minneapolis Sustainability Indicators
8. ACSE——Sustainability Action Plan International Sustainability Indicators Network	6. Portland Planning and Sustainability
9. The World Bank——Sustainable Development	7. Santa Monica Sustainability Plan
	8. Whistler Monitor Program
	9. Sustainable Seattle

　　本文评价体系的应用需要大量数据才能计算出评价值和排名，在具体应用时也可以不用搜集全部数据，可以只选择重要的指标分组、分项和要素来做分析和排名。同时建议用不同的定量和定性方法来对结果进行比较，以便找出最合适的评价和排名结果。

城市评价篇

City Evaluation

B.2
大连：城市旅游发展、经济产业
优化与城市风貌营造

王晓军*

摘　要： 大连是我国北方重要的沿海经济、贸易、工业和旅游城市，
有着得天独厚的区位优势、港口和海岸线资源、丰富的历史
人文底蕴和独特多样的城市文化特征，本文着重探讨基于这
些特征的大连城市发展过程及特点。大连城市发展历史悠久，
改革开放之初，大连就开始显现其旅游城市的特点，城市从
工业城市向旅游城市转型。本文选取代表性的案例阐述大连
不同类型的城市旅游资源的发展历程。在大连城市产业优化
方面，本文围绕旅游服务业、创新型产业、港口和保税区4

* 王晓军，天津大学工学博士，沈阳建筑大学建筑与规划学院讲师，研究方向为城乡规划与设
计方法、弹性城市理论与设计方法、区域规划与产业发展。

个大连的核心产业进行阐述，阐明了大连产业优化依托港口条件和自然资源大力发展现代服务业的过程。在城市风貌营造方面，本文从自然风貌、人文风貌和产业风貌三方面进行阐述，并总结了宏观、中观和微观的城市风貌塑造方法。

关键词： 北方沿海城市　城市旅游发展　经济产业优化　传统城市风貌营造

一　大连城市发展的特征

（一）大连城市概况

大连是北方沿海重要的中心城市、港口及风景旅游城市①，是东北地区与环渤海地区最具活力和综合经济实力的城市之一，是沿海开放城市（1984 年批准）、计划单列市（1985 年批准）、副省级城市（1994 年批准），也是中国北方重要的经济、贸易、工业和旅游城市。

大连地区历史悠久，公元前 2000 年已有人类活动的痕迹。现代大连的城市历史虽仅百年有余，但几经变革形成了丰富多样的城市风貌格局。从 1881 年旅顺口军港建成开始，直到 20 世纪 90 年代以经济建设为中心后，大连开始了大规模的城市建设。

大连的城市经济规模在辽宁乃至东北地区名列前茅，虽然由于东北地区整体经济环境的衰落，大连在全国城市以及各沿海开放城市的影响力排名中逐渐下滑，但其依然是全国知名度及影响力较高的城市。作为工业城市，大连不但生态环境良好，还有着较高的森林覆盖率和优良的空气质量与水环境。

---

① 参见《大连市城市总体规划（2001～2020 年）（2017 年修订）》。

（二）城市发展特征

1. 地理特征

大连是滨海城市，位于辽宁省辽东半岛南端。作为滨海港口城市，大连与山东半岛隔海相望，东濒黄海，西临渤海。大连城市依山傍海而建，属沿海低山丘陵地形，市内山地丘陵较多。

大连海域宽广，陆岛海岸线绵长，岛屿、港湾众多。较大的岛屿有大长山岛、小长山岛、广鹿岛、獐子岛、长兴岛、西中岛和凤鸣岛等，其中长兴岛是中国长江以北最大的岛屿、全国第五大岛屿。大连港口为深水不冻港，风浪平静，港湾主要有大连湾、普兰店湾、金州湾等。

在海上，大连是东北亚航运中心，其所在的辽东半岛与山东半岛共扼渤海湾，也是京津的海上门户。在陆地上，大连腹地辽阔，连接东北地区与朝鲜半岛、日本列岛和俄罗斯远东地区，是联系东北地区陆海通道的重要节点。随着国家"一带一路"倡议的不断深化，大连港作为"一带一路"建设规划内东北地区的唯一港口，其区位优势更加明显。

2. 资源特征

除了具有港口城市的海港和海岸线资源优势，作为旅游城市，大连的旅游资源丰富。作为滨海城市的自然条件与地理位置，以及近半个世纪的战乱与城市更新，为大连整个城市带来与众不同的游览体验。

大连的水产资源丰富，扇贝、海胆、刺参和裙带菜等水产品的产量在中国占有较高的比重，同时水果产量也较高，比如苹果、桃等。

3. 产业特征

大连经济技术开发区、保税区、高新技术产业园区和软件园的批准建设是大连产业发展的重要增长点。目前大连的软件和信息服务、装备制造和旅游服务在全国均有一定的竞争力，大连还是东北地区的金融和外汇结算中心。大连渔业与工业发达，是中国重要的水产品和工业生产基地。

4. 文化特征

大连城市文化丰富多样，既有不同于东北地区的齐鲁文化，也有殖民时期留下的异域文化，同时大连还是全国著名的"足球城""田径之乡"，具有浓厚的体育文化。这些文化作用于大连滨海城市空间上，使大连形成独特的城市人文和社会环境。

（三）大连城市建设发展阶段

在百余年的城市建设历史中，大连从军港和小渔村逐步发展成为中华人民共和国成立后全国重要的工业城市，甚至如今的城市品质、生态环境优异的知名旅游城市。中国近代社会经济的变革在大连的城市建设过程中，在城市风貌和空间上都画下了"浓重的一笔"。港口和政治经济因素一直是大连城市发展的主要动力。[1]

1. 城市初建阶段（1881～1955年）

由于具有不冻港的资源条件，大连在第一次鸦片战争后不断被各列强觊觎。自1881年清政府在旅顺设立军港后，大连几经易手于日、俄。大连港作为商港，旅顺港作为军港的"一市双城（港）"的格局一直延续到20世纪50年代。日、俄殖民时期的建设基本形成了大连现有的城市格局和工业基础。

这一时期的城市发展的重点主要集中在大连湾和旅顺口。俄国租借后，将大连作为理想的远东出海口，在1899年的城市规划中，将大连定位为"港口、商贸城市"，采用了欧洲放射形和圆形广场相结合的城市格局和功能分区，以期将大连建设成为一座商业城市，并在旅顺口设立海军基地。日本占领后，沿用了俄国的规划并进行更多的建筑和街道建设，也形成了现今大连广场星罗棋布的城市风貌。

在这一时期，大连从一个小渔村发展成为城市人口多达70万人的近代城市，虽然带有明显的殖民地城市色彩，但城市骨架已经初步形成。

2. 城市成长阶段（1956～1981年）

在第二次世界大战后，苏联依托原有旅顺军港设立海军基地，直至

---

[1] 董伟：《新时期大连城市规划创作与实践》，《理想空间》2007年第19期。

1955 年撤离，才将大连及旅顺口的驻军、防务主权归还我国。在此时期，大连城市发展主要分为两个部分，前一部分主要是在"文革"结束之前，以工业为核心进行城市发展建设；后一部分是在"文革"结束之后，城市发展重心转向港口，发展对外经贸和旅游。

在新中国成立后第一个五年计划里，依托殖民时期留下的工业基础，大连重点发展以机械、化工为主的重工业和以海港、铁路为载体的运输业。在 1958 年的总体规划中，大连重点安排工业用地，其他城市基础服务设施围绕着工业区的布局进行规划安排。

在经历了"文革"之后，大连城市各方面的发展与建设相对比较混乱，1980 年重新编制了总体规划，将城市性质扩展为"港口、工业、旅游城市"。城市发展不再围绕工业建设，老市区不再安排新的工业项目，明确了港口在城市发展中的重要地位。大连开始意识到过度无序的工业开发对城市环境造成的恶劣影响，加强环境保护，开发风景旅游区。大连作为旅游城市在全国的知名度和影响力不断提高。

3. 城市起飞阶段（1982~1995年）

港口作为城市发展核心的确立以及政治环境的稳定为大连城市发展带来了强劲的动力。1981 年曾经由大连市和旅顺市合并设立的旅大市更名为大连市，在随后的十年时间里，大连经济开始飞速发展，在中国区域经济格局中的地位不断提高。在 1990 年的规划调整中，大连增加了城市远景发展目标——"建设国际性城市"，并且明确了组团式带状城市结构，为城市未来面向现代化的城市建设奠定了基础。

在这一时期，城市建设发展速度不断加快，城市经济、人口、文化等方面都有了长足的进步。在被国务院批准为沿海开放城市、计划单列市、副省级城市后，大连逐步确立了在东北地区乃至全国城市中的地位和影响力。

4. 城市转身阶段（1996~2008年）

1995 年以后，基于以前的产业积累，区域经济地位、政治地位的不断提升，以及中国经济更加国际化的外部形势，大连为应对新的发展机遇与挑战，从自身和对外联系两方面开始"华丽转身"。

大连进一步加强组团型城市结构，建设新城区，突出主城区和新城区组团的功能特点。通过森林公园将主城区和新城区隔离，构建生态型城市。借助沿海大通道和新机场的建设，进行区域联动和互补发展，积极参与国际物流和商贸流通，努力打造国际化大城市的形象。

大连进一步强调物流、商贸金融、信息技术和旅游等主导产业在城市发展中的推动作用，在这一时期逐步由单一的沿海工业城市转变为以服务业为主导的城市。

5. 城市转型阶段（2009年至今）

2010年以来的一些生态环境问题，使大连意识到单纯的经济发展不应是城市唯一需要关注的问题。作为辽宁省乃至东北地区的对外门户，大连一直注重城市风貌和环境质量的提升，消除无序工业化带来的环境负面影响。同时，大连也开始进一步改善居民的居住条件和出行便利程度，通过基础设施建设，提高城市的宜居性，建设生态宜居的绿色家园。

大连通过产业结构不断优化带动城市发展，传统的工业逐步向中高端产业和新兴产业发展，服务业逐渐成为经济增长的重要引擎。大连已成为全国重要的旅游城市之一，软件产业规模与影响力也连年提升。

（四）大连城市旅游资源的分类

大连具有独特的地域环境、文化特色、建筑风格和"山、海、岛、城"和谐共生的城市风貌，城市未来将以"滨海风情""海洋元素""历史文脉""广场文化"等特色要素为核心提升城市品质。①

基于城市特色风貌和资源条件，也可以将大连的城市旅游资源分为"滨海风情""海洋元素""历史文脉""广场文化"四类。

1. 滨海风情旅游资源

大连具有宜人的海洋性气候，属温带半湿润大陆性季风气候，四季分

---

① 参见《大连市城市总体规划（2001～2020年）（2017年修订）》。

明，气候温和，冬暖夏凉。加上优美整洁的城市环境，大连非常适于作为体验滨海风情的旅游接待目的地，其也是中国北方著名的旅游避暑胜地。

大连地区的海岸绵长，海域广阔，具有海湾、沙滩、湿地等多种类型的自然资源，资源种类丰富，既有地质风貌景观的滨海风景区，也有良好的海水浴场资源。[①]

2. 海洋元素旅游资源

大连作为全国著名的滨海城市，海洋观光一直是大连重要的旅游核心要素。大连沿海岛屿众多，阳光充足、沙滩平软，依托岛屿的自然条件，建有自然保护区，具有丰富的动植物资源，以及优质的海水栖息环境。既有海洋公园，也有海岛观光等旅游项目。

3. 历史文脉旅游资源

大连地区历史悠久，从最早的原始社会时期到近现代的经历，都使得城市风貌有着很深的历史积淀。特别是近代的大连经历了俄租界、日租界、中苏共管和新中国建设的不同历史时期，在每个时期城市建筑、风貌和格局都烙有鲜明的印记。[②] 这些历史遗存既有古代历史遗迹、中西合璧的历史建筑，也有近现代历史的博物馆和爱国主义教育基地。

4. 广场文化旅游资源

城市广场是重要的公共开放空间，是城市形象、精神、历史展现的重要场所。大连在俄国占领、日本殖民和新中国成立后等不同历史时期的城市文化内涵都可以从现存城市广场的形态和风貌中体现出来。[③]

广场文化也是大连城市特色文化的一张名片。广场从最初的纪念性作用到市民公共活动的载体，逐渐成为城市风貌展示的重要场所。星罗棋布的大小广场已成为游客对于大连城市空间认知的重要特征。

---

① 赵冰茹：《大连建国际滨海旅游名城初探》，硕士学位论文，辽宁师范大学，2001。

② 赵玲、佟玉权：《大连城市旅游特色研究》，《大连海事大学学报（社会科学版）》2007 年第 2 期。

③ 周彦华：《大连城市广场形态研究》，硕士学位论文，大连理工大学，2009。

二 城市发展实践

大连滨海城市旅游资源既有一定的地域特征也有普遍的代表性，按照前面所述的城市资源特征和旅游资源分类，每类选取一个案例着重分析。重点阐述大连如何利用特定资源发展旅游产业，总结相应的经验和特点。

（一）城市旅游发展

1. 滨海风情旅游案例——金石滩

（1）概况

金石滩国家旅游度假区位于大连金州区，是国家5A级旅游景区。金石滩不仅有良好的滨海和水产品条件，更有着得天独厚的地质资源。滩上的地貌和岩石约形成于2亿年前。

金石滩隶属于金普新区，位于大连市黄海沿岸，总面积约120平方公里，其中陆地面积为62平方公里，海域面积为58平方公里，三面环海，海岸线长约35公里。

凭借丰富的旅游资源，金石滩旅游产品众多（见表1）。利用海上资源发展观光休闲娱乐项目，利用陆地地质资源发展博览科普主题娱乐项目，形成多维度的发展格局。

表1　金石滩国家旅游度假区旅游产品分类

类型	体系	内容
海上	休闲度假	黄金海岸浴场
	体育休闲	海上娱乐活动
	生态观光	滨海国家地质公园
陆地	科普主题	发现王国主题公园、滨海国家地质公园
	文化艺术	金石蜡像馆
	商务会议	国际会议中心
	体育训练	体育训练基地

资料来源：作者整理。

（2）发展

旅游开发之前，金石滩地区是传统的滨海乡村聚落形式，在发现了地质遗存和优美的风景之后，经专家呼吁开发成风景名胜区。1982年建成为大连市风景名胜区，1988年建成为金石滩国家级风景名胜区，并进行保护性开发战略。最初的旅游活动以海滩浴场和观光为主，游客数量和知名度逐步提升。1992年设立金石滩国家级旅游度假区，由之前的以滨海资源保护为主，转变为以旅游产业开发为主的建设活动。

1995年金石滩地区划归新市区，由金石滩管委会进行管理。凭借着自然环境的优势和旅游产品的知名度，金石滩国家级旅游度假区不断发展，2001年被评为国家首批4A级景区，2005年被评为国家滨海地质公园，2011年被评为国家5A级景区，2014年被评为国家海洋公园，2015年被评为国家生态旅游示范区。

随着旅游产业的发展，金石滩地区由原来的满家滩传统的农业乡村，转变为城市化的社区，并开发大量的旅游房产，吸引避暑和过冬的游客，整体人口、产业、环境都发生了很大的变化。[①]

（3）总结

金石滩国家级旅游度假区历经20年的发展历程，逐步进入平稳阶段。随着旅游产品的逐渐成熟，旅游吸引力的核心也逐渐由自然地质、风景资源转变为人工休闲娱乐资源。面向越来越年轻化的游客群体，通过节庆活动吸引更多的游客群体。

2.海洋元素旅游案例——大长山岛

（1）概况

大长山岛位于长海县，处于辽东半岛东南端、长山群岛北部，临近大连市、金州区、普兰店区，与朝鲜半岛隔海相望。其陆地面积约32平方公里，是长海县政府所在地。入岛交通有客轮、快艇，也可以通过长海机场到达。

---

① 祁洪玲：《大连金石滩滨海旅游地演化进程、机制与调控对策研究》，博士学位论文，东北师范大学，2018。

大长山岛有着丰富的自然和人文旅游资源，旅游产品主要包括自然、人文和风情 3 类（见表 2）。

表 2　大长山岛旅游产品分类

类型	体系	内容
自然	观光	蚆蛸坨子风景区、海岛观光游
	浴场	大盐场北海浴场
人文	公园	祈祥园
	纪念	双凤朝阳塔、守岛建岛纪念塔
	科普	海参博物馆
风情	渔家	渔家乐、观赏渔业
	美食	海鲜

资料来源：作者整理。

（2）发展

大长山岛作为海岛的自然条件——相对贫瘠的土地及水资源限制了许多经济产业发展，其利用海岛资源将旅游业作为支柱产业符合地区发展特点。但长山岛海域属国家一类海水水质，生态环境敏感，旅游活动中人为的污染物排放会对自然环境造成影响，因此大长山岛的发展模式应向着生态低碳的方向发展。

具体发展途径可包括选择和建设低碳旅游吸引物，建设生态化的旅游服务设施，营造生态低碳旅游环境，引导低碳旅游活动行为等。进一步深入挖掘海洋和岛屿文化，利用自然环境作为景观的主要载体，整合渔业及健康的观光活动；住宿、交通工具、市政设施生态化、低碳化，节约淡水资源，减少污水废气排放；旅游服务市民化，以渔家、渔村为主要服务设施地点，减少高档酒店的建设；通过科普旅游宣传保护海洋及海岛生态环境的重要性，宣传低碳的生活方式。①

---

① 王辉、宋丽、郭玲玲：《海岛地区发展低碳旅游的必要性与途径分析——以大连市大长山岛为例》，《旅游论坛》2010 年第 6 期。

（3）总结

海岛作为旅游资源具有多样的海洋元素，大连利用海洋元素作为旅游资源开发，符合城市自身发展的生态低碳化的需求，因此可建设生态低碳的海岛旅游产品。在一般的渔家体验和海岛观光的基础上，以生态低碳旅游为核心，营造生态低碳旅游环境，引导低碳旅游活动行为。

3. 历史文脉旅游案例——旅顺太阳沟

（1）概况

《大连市城市总体规划（2009~2020年）》中划定了大连中心城区的5个历史文化街区，包括中山广场历史街区、胜利桥北历史街区、南山历史街区、黑石礁历史街区和旅顺太阳沟历史街区。太阳沟历史街区位于旅顺新市街片区，面积约350公顷。由于战争的历史原因，太阳沟历史街区遗留很多近现代建筑，呈现近代古典主义的城市风貌，历史建筑保持完整。

太阳沟历史街区的历史建筑反映了近现代盛行的西方建筑思潮，呈现古典主义基调的折中主义、巴洛克等风格，同时也结合了俄国、日本等国家现代建筑的特点。太阳沟历史街区目前（2014年）尚存俄式建筑267栋、日式建筑268栋，其中包括旅顺博物馆（原满蒙物产馆）、关东州厅、关东军司令部等，以及一些高级官员的宅邸、官邸、商业建筑等，都具有较高的建筑艺术水平和历史价值。①

（2）发展

旅顺太阳沟历史街区的形成与发展大概分为3个阶段。

第一阶段：形成阶段。1899年俄国殖民者因原旧市街地形狭小，在西侧规划建设新城，由德国建筑师主持规划设计。规划中关联了中心广场与海岸，在滨海形成贸易区。中心区呈现方格加放射形路网的欧洲城市道路格局。后由日本继续发展建设，突出中心空间轴线。

第二阶段：停滞阶段。旅顺在新中国成立后曾作为中苏共管的海军基

---

① 王欣：《大连古典主义历史街区复兴策略与规划研究》，硕士学位论文，大连理工大学，2014。

地，1955 年主权回归我国。这一历史街区以海军基地作为主要城市职能，生活服务和历史建筑保护没有得到很好的重视，逐渐走向停滞与衰落。

第三阶段：保护与开发阶段。在 2010 年的《大连市城市总体规划（2009～2020 年）》中，《大连老城区保护与更新专题研究》明确提出保护老城区的历史遗迹，完善服务设施，升级旅游产业；2008 年的《旅顺历史文化街区保护规划》编制了整体格局、街区风貌、生活空间等保护内容；2012 年的《旅顺历史文化街区近期建设规划》提出街区发展目标，再次强调升级旅游产业，整治街区环境，控制建设容量和街区人口等目标和措施。在一定程度上扭转了历史街区的破坏和衰落状态。

在旅游项目上，由于街区格局和历史建筑保存相对完整，太阳沟历史街区的知名度不断提升。每年通过樱花节、彩叶节等活动，吸引不同类型的游客到来。

（3）总结

在大连市中心城区的几个历史街区中，大部分的原有历史建筑遭到一定程度的破坏和拆除，修建了一些假古董，缺少对原有历史街区格局的保护和整体结构的复兴。旅顺太阳沟历史街区在按照保护规划实施和整治时主要道路和历史建筑保存相对完好，一定程度上还原了历史街区的风貌，成为大连古典历史街区振兴的主要地点。

4. 广场文化旅游案例——多样化的城市空间

（1）中山广场——历史建筑"博物馆"

①概述

中山广场位于大连市东部，地处繁华的中山区商业中心，是市区较大的开放型交通广场，直径 213 米。中山广场面积为 2.26 公顷，其中绿地面积 1.5 公顷。广场中心呈圆形，向外辐射 10 条道路。中山广场始建于 1899 年的俄国占领时期，最初命名为尼古拉广场，后日本殖民时期改名为大广场。

②形态解析

中山广场在城市中有两个主要作用，一是承担 10 条道路汇集的交通枢纽作用，二是作为城市重要的景观节点。广场周边于 1908～1935 年陆续建成10座标志性建筑，目前以公共建筑为主，中山广场也是娱乐休闲的多功能城市广场。

底面：广场形状呈圆形，可以分为三个功能区域，包括中心舞台、内环草坪和外环草坪。配合周围的建筑和放射形道路，中山广场底面空间具有较好的向心性和围合感。

界面：广场周围原2~3层的历史建筑作为第一层围合界面，具有空间的完整性、连续性和亲切感；后面是新建的办公、商业等高层建筑，强化向心性，缺少秩序感，有一定的压迫感。

景观：沿广场内草坪的边缘设置了适度的休息平台，营造了休憩场所；通过草坪、树木和花卉的种植，增强了广场的围合感和层次感，也减少了一部分噪声。这些设置使广场更加便于市民的使用。

活动：中山广场是大连第一个音乐广场，平时也有非常多的活动和公益演出，广场空间使用率较高。

特征：中心广场作为一个市民活动广场，同时也是交通性广场，必然会出现休闲使用和人流、车流的矛盾冲突，这在我国很多城市的中心广场中有所呈现。

（2）星海广场——滨海"会客厅"

①概述

与历史悠久的中山广场不同，星海广场是一座建于星海湾废弃盐场上的广场。星海广场建成于1997年，利用建筑垃圾填海造地，形成了亚洲最大的城市广场。广场内包括草坪、喷泉等设施，面积共176公顷，其中中心广场面积4.5公顷。

星海广场呈南北方向长轴的椭圆形布局，是大连最大的滨海景观广场。广场周边的主要城市功能区有中心商务区、综合批发市场区、中高档住宅区、公共绿地及公园区、市政设施区。

②形态解析

文化：星海广场的中心是音乐舞台，周围雕刻有天干地支、节气、属相等文化符号。

底面：星海广场的空间非常开阔，呈长轴 1010 米、短轴 630 米的椭圆形空间。在功能上，星海广场可以划分为 5 个部分，分别是北侧的葵花喷泉广场、中心的星形广场、中央绿化草坪、中央步行道和最南端的百年雕塑广场。

界面：星海广场周边由 4～6 层的公共和商业建筑构成第一层的界面，广场的控制性建筑位于北端的会展中心，建筑的轴线与广场的轴线重合，强调了广场的轴线空间向性。星海广场作为旅游文化广场和城市的标志性节点空间之一，周围的建筑风格形式相对多样，差异较大，缺少整体性过渡，减弱了广场的场所感。

活动：对于游览时间短暂的外地游客，星海广场是从城市内通向海滨的区域。对于大连市民来说，星海广场的大尺度空间成为体育休闲活动的良好承载空间。①

（二）经济产业优化

1. 旅游业——增加服务业比重

根据《大连市国民经济和社会发展第十三个五年规划纲要》，到 2020 年大连要建设成为东北老工业基地产业结构优化的先导区，并且服务业增加值占地区生产总值的比重为 50% 左右。这标志着大连将现代服务业做大做强作为经济产业结构优化的第一要务。结合大连目前发展建设的实际情况，重点发展的产业有物流业、金融业、信息服务业、商贸流通业、商务会展业、健康服务业和旅游业，这些产业都是大连传统的支柱产业。其中，旅游产业优化的核心为：加大旅游形象宣传力度，提升城市形象美誉度，以发展海岛旅游、温泉旅游、乡村旅游、沟域旅游和海岸旅游等为核心，开发中高端旅游产品。在"十三五"期间，重点推进的旅游项目有：老虎滩海洋主题公园改造项目、东港东方水城文化旅游项目、将军石运动休闲项目、小长山旅游综合开发项目、安波－俭汤温泉休闲度假区、庄河冰峪沟－天门山山水

---

① 周彦华：《大连城市广场形态研究》，硕士学位论文，大连理工大学，2009。

风光游、步云山温泉休闲度假游、海王九岛海岛风光游等旅游项目建设①。

2. 高新区和金普新区——创新产业引领

以高新区、金普新区为核心，提升科技创新水平，通过创新科技推动大连工业转型。主要措施包括：提高自主创新能力，放大链条优势，发展高端产业链；发展战略性新兴产业，紧跟国内外市场需求，推动产业结构优化；发展现代产业集群，发挥龙头企业优势和品牌效应，推动产业集聚发展；发展生产性服务业，着力推进制造业与服务业融合，发挥工业设计在制造业升级中的关键作用。②

3. 港口——东北亚物流及航运中心

为实现大连在 2020 年初步建成东北亚国际航运中心、国际物流中心的发展目标，大连港的转型升级是必然趋势。港口转型升级是适应经济全球化和物流网络一体化的需要。同时，大连大力发展现代服务业的任务之一就是提升港口的综合功能，由港口吞吐服务转向现代物流服务。

适度扩大港口规模，以太平湾国际物流中心、大窑湾北岸核心功能区为转型升级平台，发展港口物流及现代港航服务业；优化港口供应链结构，发展集装箱、粮食、汽车、矿石、冷链等货种全程物流服务平台，完善配套设施；依托大连港百年历史及大连的城市特色，发展国际邮轮中心；实现资本利用最大化，调整融资方式；建设包括大数据服务中心、公共信息服务平台和智能物流服务平台的智能型港口服务；依托"一带一路"倡议促进东北亚国际航运中心和物流中心的建设。③

4. 保税区——向自由贸易区转型

大连保税区是全国 15 个保税区之一，设立于 1992 年，也是东北地区唯一的保税区。保税区的建立具有一定的历史意义，向自由贸易区转型也是配合大连建立东北亚国际航运中心的必然所需，顺应国际贸易发展的趋势。

保税区转向自由贸易区应体现的功能包括：国际运输与物流服务中心、

---

① 《大连市国民经济和社会发展第十三个五年规划纲要》，2016。
② 王红、刘红梅：《科技创新驱动大连市工业转型问题研究》，《经营与管理》2014 年第 8 期。
③ 梁子宁：《大连港口转型升级发展战略研究》，硕士学位论文，大连理工大学，2015。

国际商品贸易与服务中心、国际生产与加工服务中心、国际海事咨询与国际信息交换服务中心、国际金融与保险服务中心。[①]

三　城市风貌营造

大连作为全国知名的滨海城市，东北地区重要的窗口城市，其城市风貌的营造不单是中国北方滨海城市的缩影，更是滨海、历史、工业、文化等要素在城市空间形态和格局上的呈现。过去的大连有过军港、殖民地、重工业城市、旅游城市等多种风貌，而现今的大连滨海城市风貌形象可以从自然风貌、人文风貌和产业风貌三方面体现。

（一）自然风貌——依山傍海

1. 宏观——依托依山傍海的自然形态

将地形作为城市生态风貌体现的主要因素，通过森林公园、河流和海域、绵长的海岸线和众多海上岛屿，打下大连"依山傍海"的城市风貌基调。保护自然环境，严守生态红线，保持海洋水质，合理利用自然资源，提升城市整体生态城市形象。通过城市广场、滨海通道，以及协调适宜的城市眺望通廊，将海景引入城市。

2. 中观——城市组团绿地

大连城市组团式布局，通过主城区、新城区、金州区、旅顺口区间的自然生态森林、山脉渗透，营造不同组团的自然生态背景和天际线。

3. 微观——生态街区形象

构建绿色生态宜居的城市街区，体现干净整洁的城市形象。大连是旅游城市，通过旅游景区的自然生态条件，塑造大连特色建筑形式、城市格局融入自然生态环境的形象。

---

① 邹伟宏、乔彦立：《大连保税区向自由贸易区的转型》，《大连海事大学学报》（社会科学版）2008年第6期。

（二）人文风貌——中西合璧

1. 宏观——把控城市色彩

整合大连城市色彩中的各类环境色谱，依托大连特有的自然环境，将山、水、海洋等色彩融入城市总体色彩之中，在此基础上确定城市色彩总谱。大连城市总体色彩定位为"清新淡雅的浅暖色系"，体现大连古典与现代结合的城市文化特征。

2. 中观——打造城市文化节点

通过广场、路网和城市肌理体现欧洲古典主义的城市格局。利用城市空间结合城市文化活动，比如啤酒节、赏樱花、足球活动等打造城市具有文化特色的节点空间。

3. 微观——特色历史街区

通过特色历史街区的保护性更新和适度商业化，减少假古董的建设，体现城市文脉的传承、继往开来的城市面貌和包容的城市形象。通过地标性建筑和广场文化展现城市风貌。

（三）产业风貌——秩序之城

1. 宏观——产城融合的格局

通过港口和经济开发区的创新性转型发展，体现新兴的东北亚航运中心和创新型城市的整体形象。通过连绵的产业区、便利的交通、优越的物流条件，塑造以"高速、经济、效率"为目标的城市形象。

2. 中观——效率和秩序之城

通过城市产业空间秩序塑造，采用产业片区组团化布局模式，应用建筑模块化的建筑形式，构建高效产业链，打造和谐、有秩序的新型工业城市形象。

3. 微观——高品质服务业

通过城市中心的现代服务业、高新技术产业，提升整体城市环境品质。良好的服务设施和市民生活保障，创造亲切健康的城市形象。

B.3

天津：基于区域生态协同的滨海城市新区规划策略

陈天　李阳力*

摘　要：　海陆生态系统由海洋与城市滨海区所组成。发展城市滨海区域，不可避免会破坏海洋及其沿岸区域的生态平衡，海洋生态系统的好坏也会反作用于城市发展。在生态城市规划和建设的研究初期，将研究重点放在陆地生态，特别是沿海地区的研究学者开始探究城市与海洋的相互影响。从京津冀生态协同的视角下，以天津滨海新区规划建设为例，提出海洋生态保护优先、海陆生态系统保护协调与统筹的沿海区域发展策略。海洋对城市发展影响包括气候、地质、海洋灾害和生态承载力等，城市发展对海洋的影响包括岸线形态改变、人类聚居、污染排放、生态多样性等。本文总结海洋与城市发展之间的约束关系，提出天津滨海新区的宜居生态城市目标，以及建设与管理等层面的发展策略。除此以外，分析滨海新区围填海工程背景下，减少围填海工程对渤海湾生态的影响，提出滨海新区围填海区域开发的城市设计策略。最后，以构建中新生态城中部片区宜居生态城市为例，提出慢行空间系统规划建议。

* 陈天，天津大学建筑设计及其理论专业博士，天津大学建筑学院教授，博士生导师，研究方向为城市设计及其理论、城市形态学、居住区规划；李阳力，天津大学建筑学院城乡规划学在读博士，研究方向为生态城市设计、城市防灾。

关键词： 海洋 滨海地区 京津冀 围填海 中新生态城

一 引言

城市滨海区域的快速发展，无法避免打破海洋及其沿岸区域的生态系统平衡，同时海洋生态系统的好坏也会反作用于城市发展。在生态城市规划和建设的研究初期，学者将研究重点放在陆地生态，随着研究的深入，特别是沿海地区的研究学者开始研究城市与海洋的相互影响作用。近几十年来，我国滨海城市以前所未有的速度扩张开发，在给居民生活便利性带来极大提升的同时，也对海陆生态带来了巨大的破坏。与此同时，人类对自然的过度索取和干预，导致各种海洋灾害频发，给滨海城市造成了巨大的经济层面与社会层面的损失。因此，探索以区域协同发展和生态协同为视角、以城市与海洋交互作用为出发点的滨海地区城市规划策略，是当今滨海城市建设与海陆生态恢复的当务之急。

二 区域协同下的渤海湾海陆生态发展与保护策略

（一）京津冀区域发展与生态现状

京津冀地区与长三角、珠三角并列为我国三大城市群，国家统计局（2016 年）数据显示，京津冀地区总人口达到 1.11 亿人，占全国总人口的8.1%，在国内仅次于长三角城市群；GDP 总量达到 6.89 万亿元，占全国的9.25%。[①] 然而，通过与长三角城市群在经济总量和人口上的对比可以看出，京津冀城市群人均 GDP 相对较低，在与其他世界级城市群的对比中落

① 中华人民共和国国家统计局：http://www.stats.gov.cn。

差更为明显①（见表 1）。肖金成（2017）总结了国内城市群人均 GDP 相对较低的一大原因即是产业结构落后，北京第三产业的规模和比重远不如纽约、伦敦和东京，其金融服务、科技服务、信息服务等产业在全球不具影响力。② 相对世界发达地区，在我国经济处于转型期的现状之下，京津冀地区仍然未形成以服务业为核心的先进经济结构，特别是天津地区，其产业结构仍然以第二产业为主。③

生态环境的状况与区域经济发展状况关系紧密。京津冀地区产业结构落后，存在过度索取自然资源、城市空间布局不合理、生态管理体制不健全等问题，加之华北平原地区本身较为脆弱的生态基底，造成了京津冀地区严重的大气污染、水资源短缺、水污染及生态功能失衡等生态问题。④

表 1 京津冀城市群与世界其他主要城市群人口及经济数据对比

城市群名称	面积 （万平方公里）	人口数量 （亿人）	2016 年 GDP （万亿美元）	2016 年人均 GDP （万亿美元/亿人）
京津冀城市群	21.6	1.1	1.11	1.01
长三角城市群	21.07	1.56	1.77	1.13
美国东北部城市群	13.8	0.65	4.45	6.85
美国五大湖城市群	24.5	0.5	3.71	7.42
日本太平洋城市群	10	0.7	3.07	4.39
英国中南部城市群	4.5	0.36	1.29	3.58
欧洲西北部城市群	14.5	0.46	2.28	4.95

资料来源：张伟、蒋洪强、王金南著《京津冀协同发展的生态环境保护战略研究》，《中国环境管理》2017 年第 3 期。

---

① 米锦欣：《世界城市群视角下中国三大经济圈的特征比较》，《商业经济研究》2017 年第 13 期。

② 肖金成、申现杰、马燕坤：《京津冀城市群与世界级城市群比较》，《中国经济报告》2017 年第 11 期。

③ 石敏俊：《京津冀建设世界级城市群的现状、问题和方向》，《中共中央党校学报》2017 年第 4 期。

④ 张伟、蒋洪强、王金南：《京津冀协同发展的生态环境保护战略研究》，《中国环境管理》2017 年第 3 期。

（二）天津市海陆生态现状与生态保护策略

水问题是 21 世纪环境问题中的核心组成部分。不同学者对水系统的组成有不同的分类方法，如刘昌明（1999）总结了水系统可以分为水资源、水灾害与水环境三大部分。[①] 渤海湾作为京津冀唯一的沿海地区，承担着重要的经济发展任务及生态涵养功能，而天津作为渤海湾沿岸地区唯一的大都市，对渤海湾海陆生态环境保护起到关键性作用。

天津地区，特别是海陆交错地区的水问题相当严峻。宋德彬等人（2017）通过对 2014～2016 年整个渤海海域进行的水质监测及数据统计分析，发现渤海海域生态系统整体处于亚健康的状态，而其中生态健康最差的区域之一即为渤海湾。[②] 淡水资源方面，由于地下水资源盲目开采及水污染导致的水质性缺水，天津市人均水资源占有量仅为全国的 1/15。[③] 水污染方面，天津市境内河流劣五类水占比超过 50%，70% 以上的河流入海口污染超标。[④] 全球气候变化与人类对自然环境的破坏，导致与水有关的灾害频发，叶风娟等人（2012）总结了天津在 2001～2011 年，增水量大于 100 厘米的风暴潮次数明显增加，最大增水幅度也呈上升趋势[⑤]，赤潮等灾害也愈加频繁。[⑥] 水环境和水生态方面，由于水体污染和人类城市开发对水体的过度干预，原有的水生态系统受到干扰，使生物多样性降低，天津滨海新区原有约 153 公里海岸线的 85% 为人工堤岸或围填海造陆硬质岸线，使原本的生物多样性和生态廊道健全的水陆交错带被破坏。综上所述，造成天津地区海陆生态问题的原因可总结如下。

---

① 刘昌明：《中国 21 世纪水供需分析：生态水利研究》，《中国水利》1999 年第 10 期。
② 宋德彬、高志强、徐福祥、郑翔宇、张华、胡晓珂、黄国培、章海波：《渤海生态系统健康评价及对策研究》，《海洋科学》2017 年第 5 期。
③ 王晓青：《中国水资源短缺地域差异研究》，《自然资源学报》2001 年第 6 期。
④ 中华人民共和国环境保护部：《2015 年中国近岸海域环境质量公报》，2016。
⑤ 叶风娟、李玉杰、牛福新、李秀艳、李玲：《风暴潮灾害对天津滨海新区的影响分析》，《天津航海》2012 年第 2 期。
⑥ 马振兴：《天津市海洋灾害及其影响分析》，《海洋通报》2006 年第 2 期。

（1）大量工农业废水、生活污水处理不当，沿河流入海。

（2）工业生产活动频繁，占用沿海土地自然资源，海陆交错带生态破坏。

（3）大规模的围填海工程及海岸带开发，导致海域的平均水存留时间明显增加，水交换下降。

（4）海水稀释作用的减弱，造成水体的二次污染。

（5）城市过度开发，地下水过度开采且面源水污染处理不当等。

面对以上生态问题，《环渤海城市群空间发展模式研究》（2011）则提出基于沿海区域生态保护，重视山地、河流和海岸等自然资源条件。实现岸线分类利用，保护沿海生态景观，并合理确定填海规模，严控石化项目；加强重点环节和关键领域保护与防治，完善海岸带功能区划。在转变发展方面，注重产业内容结构，提升能源效益且促进循环经济发展。构建生态城市，发展生态城市建设模式。[1]

（三）滨海新区发展与生态保护总体策略

滨海新区大部分土地是天津市海陆生态最为敏感而脆弱的地区，沿海的产业功能区集中布局导致了沿渤海岸线的自然岸线大部分消失。目前天津滨海新区"一城、双港、三片、四区"的空间结构确定了汉沽盐田、北三河（永定新河、潮白新河、蓟运河三河交汇入海区）、官港－临港水库、北大港水库等四大生态源区，南北依托七里海湿地及北大港湿地两大生态片区，中部形成沿永定新河、海河、独流减河及唐津高速的四条生态廊道。[2] 2018 年 5 月底，《天津市人民代表大会常务委员会关于加强滨海新区与中心城区中间地带规划管控建设绿色生态屏障的决定》的出台也表现了天津地方政府实施以生态修复为抓手、促进城市环境改善与经济发展目标协同的决心。

近年来随着天津城市发展开始整体转型，滨海新区对生态保护力度已逐

---

[1] 天津市城市规划设计研究院：《环渤海城市群空间发展模式研究》，2011。

[2] 天津滨海新区规划和国土资源管理局、天津市城市规划设计研究院：《滨海新区中心城区总体城市设计》2012 年 12 月。

渐加大，但由于过去 20 年城市规划的滞后性和以经济发展为动因的城市建设的扩张，产业大规模东移，已形成的城市空间及产业功能布局对区域海陆生态系统造成了严重的影响，且滨海新区基于海洋的生态保护措施仍然不完善并亟待加强。下文将以天津滨海新区为例，基于天津市水生态与水安全现状评价，总结城市发展与海洋生态之间相互影响的方式与结果，提出滨海生态宜居城区在规划设计、城市建设与管理层面的要点和策略，完善城市尺度下对已建成区及城市新区的规划策略。

三 基于海洋生态的城市滨海区域开发

（一）海洋对城市发展及城市规划策略的影响

海洋是限制和促进滨海城市发展的重要因素，能对城市空间发展格局产生决定性的影响。《天津市空间发展战略规划条例》[①] 提出了实施"南北生态"的总体战略。即以"团泊洼水库－北大港水库"湿地自然保护区为核心构建天津市南部生态网络，以蓟县山地生态环境建设和保护区、"七里海－大黄堡洼"湿地自然保护区为核心构建天津市北部湿地和山地的生态恢复。"南北生态"均为联系陆地与海洋的湿地保护区，直接体现了海洋对城市空间格局的决定性影响。

滨海地区的地质情况同样影响城市土地利用与空间规划。由于海水的侵蚀作用，天津市盐渍化土地总面积约为 4930 平方公里，占全市土地总面积的 42.3%。[②] 因此，应首先考虑在不适宜耕种及植被生长的盐碱地范围内进行城市开发。

海陆风是滨海城市在规划和建设中容易被忽略却极为重要的一点。海陆风是滨海地区的主导风向，与城市路网规划及建筑布局关系密切，同时海陆风环流与城市热岛环流耦合，可在一定程度上加强或削弱热岛效应，也可能

---

① 天津市人民代表大会常务委员会：《天津市空间发展战略规划条例》，2011。

② 廉晓娟、李明悦、王艳、张余良、贺宏达、王正祥：《基于 GIS 的天津滨海新区土壤盐渍化空间分布研究》，《安徽农业科学》2012 年第 5 期。

触发强降雨或雷暴。①

由于人类活动带来的全球气候变化，近年来海洋灾害对城市的冲击愈加频繁。2018年7月24日，台风数十年来首次在天津渤海湾登陆，带来大量降雨和高风暴潮位，形成全局性城市内涝。相对海平面上升、风暴潮及咸潮灾害是滨海城市需要面对的主要海洋灾害，也是滨海地区韧性城市建设中需要着重考虑的因素。由于全球气候变暖造成的海平面上升和地下水过度开采造成的地面沉降，天津近60年来海平面相对上升超过1米。② 海平面上升加之渤海湾自身地形原因，导致风暴潮的发生在近几十年愈加频繁③，对沿海地区的基础设施建设形成了巨大挑战。咸潮灾害则使城市给排水管网受到污染的威胁。④

（二）城市发展对海洋生态的影响

密集的人类活动和快速的城市扩张挑战了沿海地区的生态承载力。临近渤海的地带自然生态系统数量少、工农业重镇密集分布、人口众多、工业发达，强烈的人类活动对生态系统的干扰和破坏很大⑤，使当今整个环渤海地区的生态承载力都处于十分脆弱的状态。人类活动将大量沿海自然湿地转变为人工湿地（如鱼塘、农田等），城市与港口的建设采取的海岸线改造和围填海措施，使环渤海地区海陆交错带的生物多样性急剧退化，抵御海洋灾害的能力也急剧下降。天津滨海新区纳潮量在30年间减少13.7%⑥，2010年渤海沿岸湿地生物多样性相对2000年下降了8.3%。⑦

---

① 黄利萍、苗峻峰、刘月琨、许启慧：《天津地区夏季海陆风对城市热岛日变化特征影响的观测分析》，《大气科学学报》2013年第4期。
② 胡俊杰、蒙爱军：《天津地区的相对海平面上升与地面沉降》，《海洋信息》2005年第2期。
③ Xi bin L. I., Sun X. Y., Liu Y., et al., "Statistical and causes analysis of storm surges along Tianjin coast during the past 20 years," *Marine Science Bulletin*, 2014.
④ 罗宪林、季荣耀、杨利兵：《珠江三角洲咸潮灾害主因分析》，《自然灾害学报》2006年第6期。
⑤ 卢亚灵、颜磊、许学工：《环渤海地区生态脆弱性评价及其空间自相关分析》，《资源科学》2010年第2期。
⑥ 孟伟庆、王秀明、李洪远、丁晓：《天津滨海新区围海造地的生态环境影响分析》，《海洋环境科学》2012年第1期。
⑦ 肖洋、张路、张丽云、肖燚、郑华、欧阳志云：《渤海沿岸湿地生物多样性变化特征》，《生态学报》2018年第3期。

水体污染是城市对海洋生态造成的另一个重大影响。渤海 80% 以上的海洋污染来自陆源，而 80% 以上的陆源污染来自污染物在河流中的排放。渤海入海河流中，劣五类水质断面平均比例为 67.8%，由于水体的污染和富营养化，渤海年均赤潮发生次数达 9.8 次。[①] 此外，城市发展改变了辖区范围内的河流、湖泊等入海水源的形态和入海水量，间接地对海洋造成了侵害。市区内大量水体被填埋或裁弯取直，使区域水面率减少，加之大量的水库和水坝截水，使入海水量、泥沙量减少，对近岸海水水体的温度、盐度、密度及营养盐类等海洋水文要素产生重要影响，进而影响水质及水生物。[②] 海河流域平原 12 个主要湿地面积由 20 世纪 60 年代的 2180 平方公里减少到 2005 年的 570 平方公里，21 条主要河流的 3664 公里河道中，干涸长度达到 2100 公里（2007 年），入海水量由 20 世纪 50 年代的 240 亿立方米减少到近年的 10 亿立方米，减少了约 96%。[③]

（三）滨海生态宜居城市规划策略

对于生态城市，不同的学者给出了多种不同的定义与实现方法，赵清（2007）总结了生态城市应具备和谐性、持续性、高效性、系统性、区域性、多样性等特征。无论定义如何，生态城市的基本框架都建立在环境、社会与经济的可持续发展上，尤其是环境的可持续性。[④] 与生态城市不同，宜居城市通常指一个城市或地区的居民所体验到的生活质量。[⑤] 张文忠（2016）总结了宜居城市包括安全性、健康性、便利性、舒适性以及个人发展机会等方面。[⑥] 生态城市和宜居城市是人类与自然和谐发展中相辅相成的

---

① 马明辉：《渤海海洋生态环境状况及对策建议》，《中国海洋报》2017 年第 2 版。

② 程天文、赵楚年：《我国主要河流入海径流量、输沙量及对沿岸的影响》，《海洋学报》（中文版）1985 年第 4 期。

③ 丁志宏、杨晓勇、韩瑞光：《海河流域水资源承载能力与合理配置问题探讨》，《海河水利》2012 年第 2 期。

④ 赵清、张珞平、陈宗团、崔胜辉：《生态城市理论研究述评》，《生态经济》2007 年第 5 期。

⑤ Timmer V., Seymoar N. K., *The livable city*, The World Urban Forum, Vancouver Working Group Discussion Paper, Vancouver：Vancouver Working Group, 2006.

⑥ 张文忠：《宜居城市建设的核心框架》，《地理研究》2016 年第 2 期。

两个方面，都以可持续发展作为其核心内容。由于滨海城市与内陆城市在所处环境上的差别，滨海生态宜居城市需要以海陆交错地区的生态环境特点为出发点。滨海生态城市规划策略可总结为以下几方面。

（1）通过区域的生态脆弱性评估来限制城市总体的开发强度，以区域生态格局划定生态保护源区及主要生态廊道，划定禁建区、限建区及适建区，确定城市增长边界。

（2）紧凑利用城市土地，适当提高城市密度，缩减建设区域面积，并使城市做到疏密有致。在核心区相对提升密度，在生态脆弱地区则降低开发强度和密度，为生态廊道留出空间。

（3）以海－陆生态为基础，建设城市尺度的生态廊道。以河流、湖泊、湿地等为主要生态廊道，保护水生态在海陆中的连续性。以道路及沿线绿地为次要生态廊道，联系区域中各个生态斑块，保证城市中的生物多样性。廊道的宽度效应达到一定阈值（7~12米）才明显表现。[①]

（4）考虑滨海地区的地质特点来进行城市的开发。利用盐碱地进行城市扩张，保护其他更具有生态价值的用地。谨慎进行地下空间的开发，避免地下水层的破坏，减少地面下沉风险。

（5）重点保护海陆交错带。强化滨海自然湿地的保护与人工湿地的生态提升，并以更谨慎的、更加科学的方式进行围填海。

（6）城市天然水体的保护。保证城市区域中一定的水面率与河网密度，并生态软化城市河道堤岸，降低岸线硬质化率，以恢复城市中水体的生物多样性与生态环境质量。

（7）建立区域协同的水污染管理与生态补偿机制。以河流、流域而非行政区为单位，进行工业企业污染排放管理及城市生活污水管理。

滨海宜居城市规划策略可总结为，针对海洋灾害特点，建设韧性城市。滨海地区相对于内陆城市，需要特别强化对风暴潮、咸潮和相对海平面上升等灾害的抵御及恢复能力，城市的给排水系统则需要更高标准的安全要求。

---

① 朱强、俞孔坚、李迪华：《景观规划中的生态廊道宽度》，《生态学报》2005年第9期。

针对天津水质性缺水特点，可以通过过滤、渗透和滞留达到雨水的收集利用，并补充地下水源。除此以外，海陆风的利用与防护，通过风模拟软件的应用，以夏季降温、冬季防风、避免污染等为目标，优化滨海城市基于海陆风风向的城市功能布局、路网布局与建筑布局模式。城市开放空间与滨海景观的联通，通过提升城市开放空间率和开放空间可达性，使海洋及滨海区域成为城市的标志，提升滨海城市的公共空间品质。

（四）以水环境为出发点的生态宜居城市指标评价体系

一个健全而可操作的指标评价体系是生态宜居城市规划与建设的重要手段。关于生态宜居城市指标评价体系，很多学者和机构已经进行了研究并有诸多成果（见表2），但是对于滨海城市来说，城市、水、海三者的关系至关重要，水环境应是在滨海城市规划与建设中考虑的核心问题，但目前对于与城市设计、城市空间形态相关的水生态脆弱性评价研究还较少。笔者针对滨海城市水生态系统的脆弱性，以环境、社会及经济的可持续性为出发点，构建了基于水生态系统脆弱性的指标评价体系，可推广应用于滨海城市规划、建设与管理之中（见图1）。

表2　现有部分生态宜居城市指标体系

类型	指标名称	制定机构
国外	联合国 2007 年可持续发展指标	联合国
	千年发展目标指标	联合国
	OCED 环境指标	联合国
	联合国 21 世纪议程可持续发展指标	联合国
	WHO 1999 年健康城市指标	世界卫生组织
	WHO 1996 年健康城市指标	世界卫生组织
	全球城市指标	全球城市指数
	亚洲开发银行城市指标	亚洲开发银行
	欧洲绿色城市指数	经济学人
	联合国人居署人居议程指标	联合国人居署
	社会发展指标	世界银行
	环境与可持续发展指标	世界银行

类型	指标名称	制定机构
国内	生态县、生态市、生态省建设指标	环境保护部
	环保模范城市	环境保护部
	国家生态园林城市标准	住建部
	循环经济评价指标	国家发改委等
	宜居城市科学评价标准	住建部
	中国人居环境奖评价指标	住建部
	中科院可持续城市指标体系	中科院
	曹妃甸国际生态城指标体系	唐山市
	中新天津生态城指标体系	天津市
	廊坊万庄生态城指标体系	廊坊市

资料来源：作者自绘。

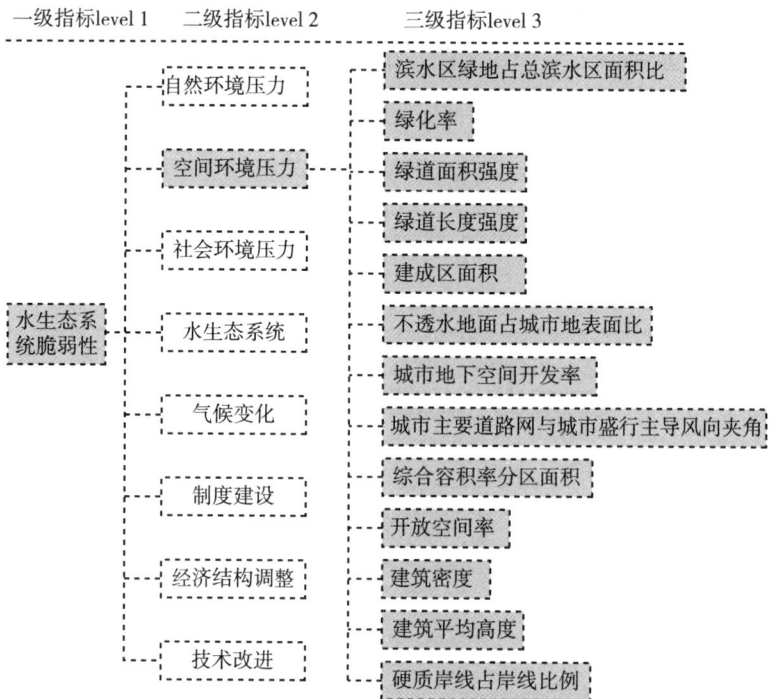

图1 基于水生态系统脆弱的指标评价体系中"空间环境压力"二级指标图示

资料来源：陈天著《天津滨海新区可持续用海规划研究》，学苑出版社，2017。

四 滨海新区围填海现状与改进策略

天津的围填海造地工程以港口的建设为开端，天津的围填海造地工程总体而言，其功能相对于传统城市仍较为单一，例如工业型仓储、港口物流运输、功能居住、休闲旅游等。从天津既有围填海区域来看，只有两处为人工岛式围填海（南疆港与滨海旅游区的部分区域），而大部分围填海区域均为平推式围填海。①

（一）滨海新区围填海时空进程与建议

1. 滨海新区围填海时间进程

2000 年是天津围填海发展的分界线，2000 年以前天津围填海十年内平均增长规模 10 平方公里以下。② 如以 2000 年为分界线，可将天津滨海新区围填海进程划分为起步期和急速增长期两个阶段。2000 年以前为起步期，围填海造地总体规模较小，增长率较低。2000 年以后迅速转变为急速增长期，围填海造地运动兴起，滨海新区围填海造地规模呈现爆发性增长（见图 2）。

2. 滨海新区围填海空间进程

在 2000 年之后的急速发展期中，滨海新区围填海也呈现不同的特征。2008 年以前遵循着以天津港、东疆港、南疆港、临港工业区等区域，作为围填海核心区域的"先中心后边缘"造地模式。目前，从功能演变进程来看，由于工业仓储、港口物流是支撑围填海区域经济的核心力量，工业仓储、港口物流的围填海规模也是滨海新区围填海造地运动中的重中之重。2011～2013 年连续 3 年工业仓储围填海比重都占到当年总围填海规模的 45% 以上，港口物流占比虽有下降但仍保持在 35% 以上，居住和旅游休闲

---

① 陈天：《天津滨海新区可持续用海规划研究》，学苑出版社，2017。
② 陈天：《天津滨海新区可持续用海规划研究》，学苑出版社，2017。

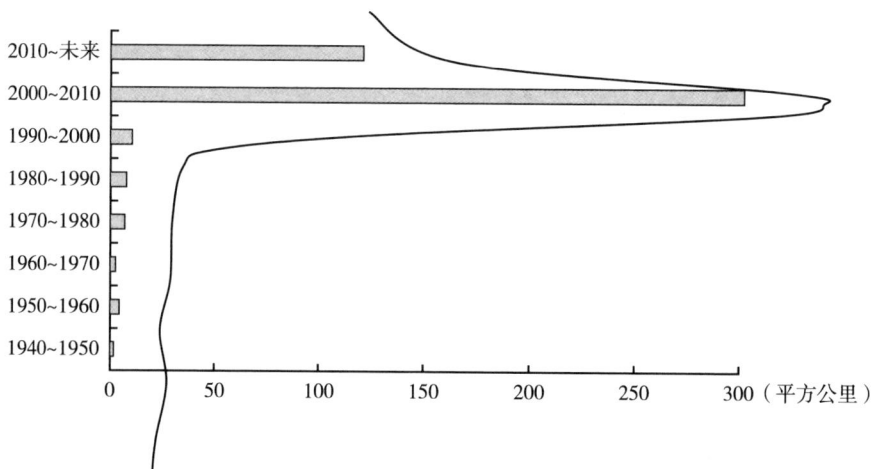

图2　天津围填海规模增长量及增长速率曲线

围填海占比稍有提升。①

3. 滨海新区围填海拓展建议

基于以上对滨海新区围填海时空进程的现状分析，笔者对滨海新区围填海拓展问题提出以下建议。

（1）"先中心后边缘"。未来围填海区域的空间分布应继续遵循"先中心后边缘"的空间分布特征，先发展核心区域的经济活力，吸引人才，创造生态宜居的生活空间，再对边缘区的欠发展区域进行开发。

（2）改变原有圈层发展模式。以人工岛的形式拓展滨海新区的城市建设用地，取代原有的向东"圈层式"的扩张模式。人工岛的发展模式主要有以下优势。第一，与最初的向东圈层式蔓延发展的填海模式相比，人工岛的方式更能发挥极核优势，扩大点轴效应。第二，围填海工程中投入的大量人力物力与填海后带来的经济收益不成正比，更为集约的土地利用方式可将宝贵的土地资源收益最大化。在这个背景下，需要强化土地集约利用的意识，鼓励紧凑开发城市。第三，圈层式扩张形成的过长的人工岸线对近岸海

---

① 陈天：《天津滨海新区可持续用海规划研究》，学苑出版社，2017。

陆生态系统造成了巨大的破坏，采用新的发展模式有助于恢复海陆生态系统平衡，保护海洋生态系统和滨海湿地岸线。

（3）重点沿海岸段建设。围填海模式的改变也是对沿海岸线的保护，在开发建设过程中应该针对不同岸段的特点，进行有重点、有序的开发，避免土地无序蔓延对海陆生态的进一步破坏。

（二）滨海新区围填海土地利用

1. 滨海新区围填海土地规模现状

1987～2006 年的近20 年间，天津市的城市建设用地面积从198.96 平方公里猛增至401.57 平方公里，几乎增长了一倍的城市建设用地面积使天津市水域面积从1094.58 平方公里降至921.43 平方公里。20 世纪90 年代，林地也基本处于完全衰退的境地。1987～1993 年，由于国家政策的缘故，耕地面积略有提升。[①]

依据《天津市滨海新区土地利用总体规划（2006～2020 年）》中的规划目标，截至2020 年，天津市滨海新区耕地将有51.32 平方公里转移为城市建设用地，未利用土地将有37.47 平方公里转移为城市建设用地。这两种土地类型将可提供88.79 平方公里的新增城市建设用地。而在《天津滨海新区城市总体规划（2009～2020 年）》中提到，截至2020 年，规划的城市建设用地增加量被修改为238.43 平方公里。可以看出，除去上一版规划整理后得到的城市建设用地总量，其余的149.64 平方公里增量城市建设用地面积将全部由围填海造地提供。根据《2005～2020 年规划围填海及可提供建设用地面积统计表》可见[①]，2005 年版的天津市滨海新区土地利用总体规划对围填海造地的规模规划更为合理。在此版规划中，围填海造地区域集中在海河河口处，而在后续的2009 年版天津滨海新区城市总体规划中，滨海新区围填海造地规模高达425.94 平方公里，但可持续的围填海可供建设用地面积仅为372.62 平方公里。从补充建设用地的角度来看，2009 年版天津滨

---

① 陈天：《天津滨海新区可持续用海规划研究》，学苑出版社，2017。

海新区城市总体规划中规划的围填海规模过于庞大，其巨大的建设规模将会对滨海新区近海生态系统造成一定的破坏。

2. 滨海新区围填海土地功能布局评价及建议

从历版的土地利用总体规划和城市规划的各类用地指标统计图中可以看出，绝大部分围填海用地在2009年版的总体规划中都有了明显的增长。[①]通过对规划实施后的现状数据进行统计，截至2010年底，围填海各种用地的实施规模与2005年版规划中的2020年填海规模数据较为接近（见图3）。由此可以看出，滨海新区的填海实施速度远远超过了2005年版的城市总体规划的预期。

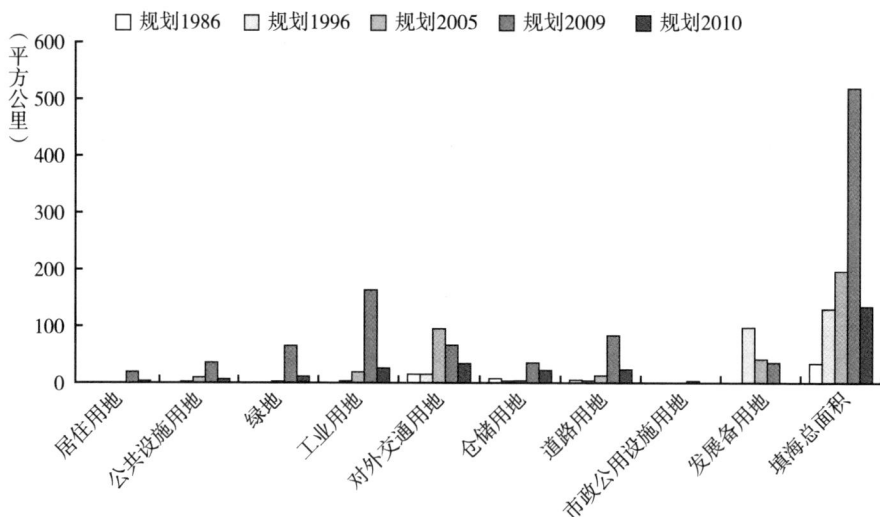

图3　历版总规及2010年围填海各类用地统计

资料来源：陈天著《天津滨海新区可持续用海规划研究》，学苑出版社，2017。

无论从规划或者是规划实施后的效果来看，仓储用地和港口物流一直以来是天津滨海新区的发展重点。由于我国未来的发展重点也将包括工业，其甚至有可能超过物流仓储和港口的地位，因此在2009年版的规划中，工业用

① 陈天：《天津滨海新区可持续用海规划研究》，学苑出版社，2017。

地占比达到最高。然而工业的发展必然会带来环境的破坏，如破坏海洋生态系统、水动力环境以及滨海景观等，从而影响滨海新区的生态宜居城市的建设。

在此，针对滨海新区围填海工程，笔者提出几点围填海区域功能配置建议。

（1）确定主辅相承的区域职能定位。港口物流、仓储、旅游休闲已成为天津滨海新区最突出的重要机能。因此对滨海新区进行区位职能定位时，应该提出构建生态宜居，保护优势产业，促进新兴产业，淘汰高污染、高能耗、低效益的产业等发展策略。

（2）构建多元的功能区域。构建多元混合的功能区，可将天津滨海新区的填海区域划分为三大板块，利用土地的高效集约利用，借助不同功能之间的搭配，进而提高围填海区域的城市活力。

（三）滨海新区围填海区域平面形态及策略

1. 滨海新区围填海区域平面形态分析

区域产业的快速发展和天津滨海新区港口的建设需求、滨海新区适合围填海的淤泥质海岸线推动了天津滨海新区的大规模围填海工程。从围填海施工工程技术来说，淤泥质的岸线类型为围填海工程建设提供了优势条件，加上早期海－陆生态系统的研究缺乏和生态环境保护意识淡薄，滨海新区采用了对近海生态系统破坏较为严重的平推式填海方式[1]，对渤海海域的生态系统造成了严重影响，如水动力环境受到威胁、水生态系统自净能力降低等。

除东疆港与南疆港外，滨海新区围填海大多采用了平推式的填海方式，即直接由原有自然岸线向海面推进。这一填海方式改变了近海岸的水动力环境，使近海海域出现纳潮能力下降、自净能力下降、水质恶化等问题。滨海新区近海的湿地资源被平推式的填海模式给侵占，影响了近海生物群落的栖息地及近海生态环境，造成了整个近岸生态环境的破坏。[2]

---

① 陈天：《天津滨海新区可持续用海规划研究》，学苑出版社，2017。
② 陈天：《天津滨海新区可持续用海规划研究》，学苑出版社，2017。

从滨海新区围填海造地的平面形态来看，已完成的填海工程平面以矩形居多，滨海新区填海海岸线多为平直长距离深入海区的生产型岸线。由于其与沿岸洋流运动方向垂直，改变了近岸流系的水动力环境，平直转角处易产生较为明显的局部冲淤改变，不利于围填海区域的岸线稳定。

从滨海新区围填海造地的整体平面组合模式来看，整块式为滨海新区围填海项目中常见的平面组合模式，新建的功能区之间没有明显的形态关联。由于缺乏外围的人工岛对洋流所形成的缓冲作用，只能靠现有的平直防护堤和外防波堤进行防浪，已建成的围填海区域受海洋灾害风险较大。此外，前期围填海阶段由于缺乏科学的考虑，整块式平面形态缺乏内部水道，内部无法形成水网，导致水体循环不利。

2. 滨海新区围填海区域平面形态整体优化策略

以实际操作的可能性出发，为了减少围填海造地对近海海洋生态系统的破坏，降低围填海区域的灾害风险。工业建设在岸段的建设已超过可建设岸段总量的50%，需要控制其建设上限，以保证旅游休闲、景观、防灾等岸段的比例。因围填海区域内的港口物流功能区有其专门的施工要求和标准，在近期的开发建设中，应该先对工业用途的围填海区域，改造人工岸线生态，新增人工沙滩培育生态植物林，例如增加人工岸线的仿生设计，模拟自然岸线形态且注重岸线的曲折度。在针对工业用途的围填海区域进行平面改造时，应对规模过大的整块围填海区域进行分割，增加区域内部水道。这种做法不仅可以对近岸海洋水动力环境进行改善，还能提升填海区域内部的水生态系统韧性。远期应考虑加强各组团之间的空间联系，使其成为一个有机整体。

五　慢行空间系统案例——中新生态城

（一）中新生态城简介

2007年中国和新加坡两国领导人共同签署了两国政府关于在天津建设

生态城的框架协议，标志着中新生态城开始了规划与建设。中新生态城位于天津滨海新区塘沽和汉沽两区之间，蓟运河与永定新河交汇处至入海口沿河的东侧，距离天津市中心约 45 公里，距离滨海新区核心区约 15 公里。总体规划中生态城规划面积约为 32.1 平方公里，基于环境承载力和职住平衡预测人口容量为 35 万人（2020 年）。空间结构为"一链环一核、一轴带四片"，主要职能为生态宜居社区、旅游与环境教育基地、创意产业和环保技术产业基地、国际生态环境相关事务交流。

2014 年起，滨海新区决定将滨海旅游区和中心渔港经济区并入中新天津生态城管辖范围，使生态城的发展空间、土地资源等都得到了进一步的扩展和提升。至此，中新天津生态城管辖面积由 30 平方公里扩大到约 150 平方公里。

（二）中新天津生态城中部片区慢行空间系统规划

2011 年，天津大学建筑学院城市空间与城市设计研究所参与编制了《中新天津生态城中部片区慢行空间系统规划研究》，该规划研究方案为研究设计，主要对滨海地区的绿色出行进行探索研究。立足于协调城市交通空间与功能空间的关系，为科学规划具有中新生态城特色和标准的慢行空间系统，规划前期先对慢行交通流量进行预测，对土地功能布局和开发强度分布特征进行研究以及对中部片区环境噪声进行评估，对下一步慢行通道系统局部调整和断面设计提供设计依据。

在片区内利用分层结构规划慢行交通系统，实现邻里社区之间的便捷步行与非机动车网络，构建人车分流的立体社区空间，延续原有机动交通系统，设计增加慢行高架平台系统，实现分层立体交通分流，慢行高架与原规划轨道交通站点结合实现公交换乘。规划确定了慢行系统的总体目标，即打造"便捷、舒适、安全"的慢行交通环境，实现"慢行＋公交"主导的绿色出行方式，形成令人愉悦的"生态城市"特色景观。遵循居民上下一次"高架平台"即达到目的地的原则，最终规划形成覆盖 4 平方公里的、长约20 公里的立体化慢行交通网络。

六 结论

海洋是滨海地区城市开发与人类活动必须面对的主要生态系统之一。滨海地区也必然要以海－陆生态系统为出发点进行生态城市建设，才能够真正实现区域协同的生态保护与发展。

本文以天津滨海新区为主要案例，在考虑京津冀区域经济发展与生态协同的前提下，总结了城市发展与海洋生态的相互影响，提出了基于海－陆生态系统的滨海城市建设的主要生态策略与宜居策略。鉴于水系统是滨海城市建设中需要考虑的核心因素，本文提出了一套以区域水脆弱性为依据的滨海城市开发指标评价体系。并在着重分析了滨海新区围填海现状的基础上，从围填海时空拓展、土地利用、平面形态方面提出了优化策略。最后，以中新生态城中部片区为例，提出慢行空间系统规划建议。

B.4

青岛：城市发展与规划建设

摘　要： 青岛拥有 800 多公里的海岸线，依海而生、向海而兴，经历一百多年的规划建设，是中国史上一座非常重要的现代规划建设试点城市。本文从青岛的建设历程和城市规划两个方面，论述规划产生的社会背景，对历版青岛城市总体规划的规划理念、规划编制、规划实施、规划意识以及规划的局限性等进行解析。现代城市的建设需要以城市规划为中心，客观分析城市优势与特色，在此基础上，呼应当今经济社会发展的最新要求，通过认识最新版青岛市城市总体规划、青岛崂山、生态区保护以及青岛的海域海岸带规划建设的相关内容，总结青岛城市发展与规划建设。

关键词： 青岛　城市规划　城市发展

引　言

自 1891 年建制以来，青岛由于特殊的历史背景与发展历程，历经 100 多年的规划建设，从一个偏僻的小渔村快速发展为港口城市，逐步演变成工商业发达的现代化大城市，其间经历很多阶段性波折和突破。对这段历史的

回顾与研究，对青岛城市发展与规划建设的研究有非常重要的学术价值和现实意义。在改革开放后的城市建设中，集合青岛市城市经济、社会及城市空间布局发展与拓展的需求，不断修编城市总体规划适应和引导城市发展，体现了青岛城市规划制定与实施的重要性和意义。同时，青岛市崂山生态区深入践行绿色发展理念，充分挖掘崂山生态资源价值，切实把崂山的生态优势融入产业发展、城市建设、乡村振兴等各个领域。青岛市拥有 11240 平方公里的海域和近岸 1021 平方公里的陆域，提出海域海岸带保护、开发与管理的新思路、新途径和新模式，承担起全国蓝色经济发展示范的任务。

一　青岛市规划与建设历程

青岛位于山东半岛东南部沿海，胶州半岛东岸，扼胶州湾口。1891 年，清朝政府派遣登州镇总兵章高元驻守青岛抵御外敌，被认为是青岛建制的开始。[①] 青岛从一个偏远小渔村开始发展，在城市建设之始，由统治者进行规划建设，自上而下的建设历程与国内其他城市截然不同。

青岛的建设历程大致可划分为以下六个阶段：①德占时期的城市规划建设（1897～1914 年）；②第一次日占时期的城市规划建设（1914～1922年）；③国民党统治时期的规划与建设（1922～1938 年）；④第二次日占时期的规划与建设（1938～1949 年）；⑤新中国成立后至改革开放前的规划与建设（1949～1978 年）；⑥改革开放后的飞跃发展（1978～2020 年）。[②]

（一）德占时期的规划与建设（1897～1914年）

德国基于胶州湾的区位优势和建港条件，以及半岛军事形势和经济情况，选择青岛作为德国争霸远东的据点。[③] 1897 年德国占领青岛，于 1898

---

① 郑权：《近代殖民背景下青岛城市文化脉络发展及保护》，青岛理工大学，2014。
② 尚杰：《青岛海岸带规划与城市发展》，中国海洋大学，2005。
③ 李东泉、徐飞鹏：《青岛城市发展史上的三次飞跃——兼论城市规划与城市发展的关系》，《城市规划汇刊》2003 年第 1 期。

年编制完成青岛历史第一份现代城市规划方案——《拟在青岛湾新建城市的建设规划》，规划确定了城市的主要功能分区和重要的公共建筑选址。

在上一次规划基础上编制了《青岛城市规划》，规划将城市定义为"海军基地和商贸港口城市"，将青岛市区分为四个主要部分，面积大约20平方公里，对未来城市形态起到一定的控制作用，也为城市的发展留下了足够空间。城市建设方面，以军事据点、港口贸易为重点。德国依据"华洋分治"的政策，将德中区严格分开，德国人居住在市南沿海优美地带，中国人居住在北部，居住与工业混杂。经济发展方面，青岛依靠港口、铁路的飞速发展，贸易增长速度远超全国其他通商口岸，取代烟台成为山东半岛的经济贸易中心。[①] 交通方面，道路系统与地形结合较好，形成背山面海的开放性格局。港口、铁路、市政设施技术水平处于当时世界前列，其城市规划、景观、建筑的艺术价值也是最具有创新性的。这些工作在当时是德国企图争霸远东乃至世界时，在青岛建立殖民根据地时进行的。但从城市发展的角度看，这种从区域着眼、制定城市总体规划、引导城市建设和城市发展方向的做法，客观上决定了此后青岛的命运，并且对整个山东半岛的城市建设和规划建设都产生了深远的影响。

（二）第一次日占时期的城市规划建设（1914～1922年）

1914年，日本借口对德宣战，趁机占领青岛。殖民者投资建设青岛的主要目的是获取利益，而不是为了改变中国的落后面貌，帮助中国实现现代化。因此，城市建设延续德制，将发展重心放在城市北区区域，以加强城市与港口之间的联系。日本侵略者利用胶济铁路和港口，一方面掠夺中国内地的原料物资运往日本，另一方面向中国倾销日货，抑制中国民族工商业。随着经济发展，堂邑路、聊城路等处被称为"新市区"，建成了不少日侨商业和居住区，还建造了学校、医院及其他公共建筑，也是由日本人负责。而为

---

① 李东泉：《近代青岛城市规划与城市发展关系的历史研究及启示》，《中国历史地理论丛》2007年第2期。

中国居民修建成片的简陋住宅。[①] 青岛的城市空间布局沿胶州湾东岸继续向北发展。[②] 这一时期，城市人口增长很快，很多日本人在青岛工作生活，约占全市人口的8%。

（三）国民党统治时期的规划与建设（1922～1938年）

1922年，青岛被辟为"胶澳商埠"。1929年，南京国民政府设立青岛特别市，全面发展城市建设，各行各业呈现一派欣欣向荣的景象。人口方面，主要体现在人口自然增长率负增长的情况下，城市经济稳定发展，外来人口增加迅速；交通方面，青岛进一步扩充完善道路系统，改变了德国租借时期主次不分的弊端，划分为快速路、干路、支路三个等次；市政方面，扩张城市范围，并继续建设完成了日占时期未尽的市街工事计划的二期工程。市政设施进行了较大规模的城市建设；商业发展方面，进一步发展工商业和海陆运输。[③]

青岛为适应城市空间快速扩张，城市人口不断增长。1935年，中国人自己为青岛制定了一份城市规划方案——《青岛市施行都市计划方案初稿》。该规划把青岛定位为"中国五大经济区之一——黄河区的出海口及工商、居住、游览城市"。市区范围扩张，并依据西方的城市功能分区理论，用地划分为五类，即行政区、住宅区、商业区、港埠区和工业区[④]，其中青岛工业区有了初步规模。规划还预测人口20年内增长到100万，这个缺乏对现实社会环境的各种因素的全面考虑。规划深受雅典宪章的影响，强调"居住、工作、游憩、交通"四大活动，手法上强调把西方技术同中国固有传统结合起来，发扬本民族特点，并突出功能规划。这个规划显然存在着不足，如城市分区规划缺乏动态联系，道路和建筑规划存在着形式主义的特

---

① 尚杰：《青岛拥湾发展中岸线利用和保护规划研究》，西安建筑科技大学，2010。
② 钟勇、李兵营：《青岛市城市空间形态演化研究》，《青岛理工大学学报》2009年第1期，第46～50页。
③ 钟勇、李兵营：《青岛市城市空间形态演化研究》，《青岛理工大学学报》2009年第1期，第46～50页。
④ 袁春晓：《青岛民国时期的城市规划与建设（1929～1937）》，青岛理工大学，2016。

点。虽然这个规划没有实现，但是所倡导的规划理念和城市布局对青岛未来发展具有重要的意义。

（四）第二次日占时期的规划与建设（1938～1949年）

1938～1945年，青岛再次沦陷，日本殖民统治者实施了明治维新以来的"大陆政策"，为满足长久居住的目的，拟定了两份规划，即《青岛特别市地方计划设定纲要》和《青岛特别市母市计划设定纲要》。日本将胶县、即墨同时划为青岛内，组成"大青岛市"。目的是统一胶州湾沿岸的行政管制，为区域规划奠定基础。建设方针为将青岛建设成为"华北的门户、华北水陆交通的要冲、军事和华北经济开发的基地、重要的工业区和观光城市"[1]，借由发展城市功能的目的，完成掠夺华北资源的任务，将青岛发展为日本控制东亚的一大根据地。

日本占领的八年间，城市各项功能规划建设缓慢。住房建设方面，仅为适应日本人长期居住而建设少量日式小别墅，给中国工人修建很拥挤的住宅；市政交通设施方面，很少修建交通设施，虽形成了一定规模，但仅集中于市南、市北两区。

1945年8月，日本战败，青岛重新归为南京国民政府统治。国民政府根据青岛50多年城市的功能确定新的建设方向，城市性质定位为"重要的海军基地和重要港口"，至1948年，主要城市建设集中在海泊河以南、八大关以西区域，青岛已建设成为知名的滨海旅游城市。

（五）新中国成立后至改革开放前的规划与建设（1949～1978年）

新中国成立后国民经济恢复时期，青岛市得到了快速发展，城市居民生活居住条件得到了提升。伴随着人们对美好生活的追求，青岛兴建起更多的商业、文化等公共建筑，完善重点市政工程项目。青岛的海洋教育与科研事业在这个阶段受到更多关注，逐步发展壮大，海洋科研事业获得初步成果。

---

[1] 杨蕾：《日本第二次占领青岛时期的都市计划研究》，中国海洋大学，2007。

为制定更符合青岛人民的城市总体规划，从市民的客观需求出发，对城市各项设施提出问题，并提出解决问题的城市建设措施。

《青岛市城市初步规划》编制于1957年，青岛的城市性质调整为"具有国防、工业、对外贸易和休闲疗养多功能的综合城市"。空间布局方面，规划增加了楼山后工业区、城阳工业区两个卫星城镇。符合城市性质，为城市建设提供了充足的后备力量。交通方面，上海至青岛的客运班轮于1956年正式通航，蓝烟铁路全线通车，青岛与北京的民航于1958年开通。海陆空三种交通种类的丰富，提升了青岛的交通贸易便捷，对未来经济发展至关重要。休闲疗养方面，达官贵人的"别墅区"八大关，改成了工人、干部的"疗养区"和有名风景区。① 市政景观方面，逐步完善了道路、给排水等设施，并且绿化市区山头公园、沟坡、海滨。在新中国成立后的城市规划建设中，青岛的城市空间格局变化由南向北进一步扩展，延伸至四方、沧口，人口增长较快。

（六）改革开放后的飞跃发展（1978~2010年）

改革开放后，青岛的港口优势突出，经济发展飞速。使青岛的规划工作迎来了第二个春天。1984年1月5日，青岛市开始实施《青岛市城市总体规划（1980~2000年）》。

这一规划将城市性质确定为"轻纺工业、外贸港口、海洋科研和风景旅游城市"，弱化了国防的功能，增加了风景旅游的功能，城市的建设发展也有了适当的调整。城市布局根据带形城市特点，将市区划分为南、中、北三个组团。1989年，依据城市发展需要，对规划进行补充调整。在南、中、北组团布局结构的基础上，增加东、西两个组团，实现了城市空间跨越式发展。市区南、中、北三个组团相对独立，发展各有侧重。南组团以发展风景旅游和港口为主，东部建设科研和高教区；中组团重点改造旧区和建设新居住区；北组团逐步建设楼山工业区；东组团发展新建居住区，发展近郊工业

---

① 杨修志：《山东省城市体系济—青双核结构空间关系演变及其影响研究》，安徽师范大学，2010。

区；西组团发展以港口、旅游、外贸加工为主，农业为辅、城乡接合的新区。这种总体布局结构初步改变了青岛南北狭长发展的格局。

1999 年批复的《青岛城市总体规划（1995～2010 年）》，将城市性质确定为"中国东部沿海重要的经济中心和港口城市，国家历史文化名城和风景旅游地"。城市的总体布局结构改变了近百年来城市沿胶州湾东岸由南向北呈带形发展的结构，而是调整以青岛市区为主城，黄岛为辅城，环胶州湾发展的"两点一环"的空间布局结构。青岛市区和黄岛相对集中发展，胶州湾周边的棘洪滩、上马、红岛、河套、营海、红石崖镇 6 个发展组团是青岛适度分散发展的区域，形成"相对集中和适度分散"相结合的城市组织结构关系。① 这种"环湾发展"的战略可以解决胶州湾东岸城市建设面积不足的困境，也是胶州湾西岸发展壮大的一个契机，同时各个发展组团为城市统筹全局发展的重要一步，6 个发展组团带动周围小城镇发展。

二 青岛新版规划介绍

根据《青岛市城市总体规划（2011～2020 年）》，新版规划将区域研究范围扩大至整个山东半岛，市域为青岛市行政辖区。

（一）城市定位

未来的青岛市城市发展定位将继续得到提升，1995 年版《青岛市城市总体规划》确定的"中国东部沿海重要的经济中心和港口城市，国家历史文化名城和风景旅游胜地"，在新版中提升为"中国东部沿海重要的中心城市，国家历史文化名城；国际港口城市、滨海旅游度假城市"。

（二）青岛的空间发展战略

青岛市城镇空间发展战略为"全局统筹、三城联动、轴带展开、生态

---

① 陆玉麒：《21 世纪初我国空间布局的战略取向》，《学习与实践》2007 年第 5 期。

间隔、组团发展"。青岛现行的空间战略理念是将 1995 年版规划的"一个主中心和五个副中心"的多中心分布结构，提升为一个环绕胶州湾建设的"中心城市—外围组团—重点镇——般镇"的新型城镇体系，建设一个层次分明、结构合理、统筹城乡发展、整合全局布局的城镇体系，促进城乡均衡、一体化发展，即"全局统筹"。

"三城联动"为拓宽青岛的整体发展思路，不再桎梏于胶州湾东岸的城市建设。旨在全面挖掘胶州湾西岸和北岸的特色，胶州湾东岸、西岸、北岸地区共同组成各具特色的三大城区。东岸城区需加快改善城市旧区环境问题、解决"城市病"问题，空间转型要结合青岛历史文化特色，走内涵式发展道路；北岸城区以高水平打造科技型、生态型、人文型新城区为目标，建设未来的公共服务和公共管理中心预留发展空间，发展为青岛市域城镇布局的空间中枢；西岸城区实施国家海洋强国战略，引领青岛市产业升级转型，是国家批复的青岛西海岸新区的核心区域。

城市空间得到拓展，规划重点要求环胶州湾地区中心组团的合作与协调发展，增强环胶州湾地区的综合竞争实力和对外辐射能力。各个规模等级城镇以组团式布局、网络化发展，加强城镇的集聚化和紧凑型发展。延续着上版规划的建设成果，有效地发展整个区域内的已经成功的城镇组团，以中心城市带动各组团发展，积极发挥重点镇的优势和特色，吸引更多资源帮扶一般镇，使整个区域城镇有序发展。

青岛市现在正处于新时期新背景下，顺应转变城市发展模式、提高城镇化发展质量的需要，牢固树立"保护生态环境就是保护生产力、改善生态环境就是发展生产力的理念"，于是新版规划提出"环湾保护"的理念，具体落实在胶州湾生态保护核心、崂山生态区保护重点以及海岸带生态保护岸线上，发展将整体保护"山、海、岛、城"融为一体的城市空间格局。青岛拥有各个时期的历史文化遗迹、得天独厚的海洋文化，应当充分保护历史、弘扬海洋文化特色，在城市规划建设中延续青岛独具特色的城市风貌。

依据新版青岛市城市总体规划，到 2050 年，青岛将成为现代化的国际滨海城市，社会经济发展取得更大的进步，城市空间格局将向国际一流湾区和世界级城市群发展。

三 崂山生态区规划

（一）崂山生态区现状分析

崂山区是山东省青岛市辖区，位于山东半岛南部，青岛市东南隅，黄海之滨。辖区陆域面积395.8平方公里，海域面积3700平方公里，海岸线长103.7公里。自然条件优越，风景资源丰富。[①] 同时，根据风景区保护规划相关要求，城镇建设得到了较好的控制，为后续发展预留了充足空间。秉承着创新、协调、绿色、开放、共享发展理念，树立"绿水青山就是金山银山"的强烈意识，立足于青岛独特的山海文化，结合自然景观和人文景观，打造宜居生态城区。

（1）区域位置优越，交通联系便利。崂山位于青岛市中心城区范围内，区域位置优越。由滨海大道便捷连通崂山区中心区，至新机场约1小时路程，规划地铁11号线（蓝色硅谷线）、9号线。另有多处码头，海路直通口岸，具有很强的口岸优势。但目前内部交通路网不完善，处于正在建设期。

（2）景观资源丰富，生态本底良好。崂山是我国大陆海岸线上海拔最高的山峰，也是花岗岩地貌最为壮观的山体之一。崂山拔海而立，山上群峰参差，森林繁盛，道观隐现；海上岛礁环布，碧海湛蓝，海天一色；山海连接处惊涛拍岸，海蚀地貌丰富。人文与自然结合，具有发展城市旅游的突出优势。

（3）产业转型升级，编制负面清单。目前主要以第二产业和第三产业为主，第一产业比重偏低。其中第二产业用地多为工业厂房及仓库，绝大部分是小工业企业，呈散乱布局方式，没有形成规模。村庄星罗棋布，城镇发

---

① 顾红卫：《青岛市海岸带环境管理模式研究》，中国海洋大学，2008。

展与农村建设交织。工业用地布局不合理且对环境造成一定污染。编制生态功能区产业准入负面清单，限制低端产业发展。①

（二）发展目标与规划原则

1. 发展目标

以崂山风景名胜区为依托，以"山、海、城、岛、湾、河"自然生态为基底，重点考虑产业、资源基础、未来发展潜力，崂山区将形成以青岛海洋高端产业的示范区、海洋科研和海洋服务业的聚集区、国际滨海旅游度假区。②

2. 规划原则

主要包括：①保护自然基底的原则：优先保护山体河流等自然生态基底，科学控制规划底线。②民生优先的原则：规划注重民生，统筹解决村庄改造、居民安置、经济发展问题。③统筹协调的原则：对接各层面规划，统筹"山、海、城、岛、河、湾"资源，科学谋划健康城空间格局及城市风貌。④基础设施优先的原则：以国际标准规划建设交通、市政等基础设施，切实适应崂山区的综合承载能力和生产生活环境。

（三）规划理念

（1）生态优先理念。规划对基地内主要山体及周边划定禁建区、限建区。通过山体、河流、岸线生态资源的保护，夯实生态间隔的发展基础，实现生态间隔；建设综合公园、专类公园、社区公园。

（2）海绵城市理念。在规划中引入海绵城市理念，将70%的降雨就地消纳和利用。结合区域内河道众多的优势，优化河道水系，构建城市大海绵体。此外，采用湿地、滞留带、植草沟等措施构建城市小海绵体。

（3）低碳城市理念。交通方面，通过地铁、有轨电车及绿色公交等措施，构建高效、低碳的城市交通系统；建设方面，推行节能建筑，降低能源

---

① 顾红卫：《青岛市海岸带环境管理模式研究》，中国海洋大学，2008。
② 刘志峰、孙景军、单克，《崂山区：都市·人文·生态城》，《商周刊》2010年第13期。

消耗；市政方面，充分利用各类清洁能源支撑城市发展。

（4）文化传承理念。规划强调传统村落空间、民俗文化的传承与发展，以传承促发展，以发展凸显文化传承。

（四）崂山生态区产业规划总体布局

根据国家建设生态文明城市的要求，崂山生态区以崂山区中韩街道的香港东路以北、辽阳路以南的区域为发展对象，以大规模、组团式商业、商务地产项目为主，形成"南北两片、中部一轴"特色鲜明的现代商贸商务聚集区。

将保护崂山生态环境与生态旅游产业结合，形成旅游产业的环状集聚、辐射带，成为环崂山旅游圈和张村河滨科技带和滨海文化休闲带。张村河滨科技带主要是人文轴线，以高科技工业园、张村河村庄改造区、拓展区为主体。滨海文化休闲带以滨海岸为自然轴线，以东海路、海口路和香港东路为人文轴线，西起中韩麦岛路，东至香港东路石老人度假区区块。重点发展滨海观光、运动休闲、文化休闲、酒店、餐饮等特色产业。

沙子口现代渔业经济区形成以渔港经济为纽带的现代渔文化新城区。北宅乡村休闲旅游区打造为以农业生态和乡村民俗为主题的特色精品旅游小村镇组团、"青岛的乡村俱乐部"。王哥庄高端度假区打造成国内首屈一指的规模性专业休闲及度假产业集聚区。

四　海域海岸带建设

青岛近海海域 1.22 万平方公里，海岛 120 个，海湾 49 个，滩涂面积 331 平方公里。青岛拥有无比强大的蓝色基因、蓝色动能，为优化海岸带资源环境、壮大海洋经济，需进一步完善海域海岸带规划。

（一）海域海岸带规划

青岛的海域海岸带是青岛城市建设至关重要的组成部分之一，是城市宝贵的自然资源和旅游资源。青岛海岸带的控制范围自海岸线量起：海域至10海里等距线；陆域未建成区一般至1公里等距线；陆域建成区一般以临海第一条城市主要道路为界。①

海域海岸带规划总体要求是，在优先依法保护海岸带资源的前提下，根据社会经济发展、城市生活的需要，依据规划保障海岸带生态资源、人文资源的永续利用。①严格控制自然岸线的占用，保护好岸线上的沙滩、岩礁和海湾、岬角，重点保护好适宜建港的深水岸线。②加强海岸带陆域及近岸海域的保护，强调岸线资源的公共属性，保证市民滨海休闲旅游需求，塑造滨海城市文化。③严禁在河流入海口处的湿地滩涂等生态比较脆弱的地区填海造地；严格控制用海、围填海，所有的用海、围填海项目，严格依法按程序审批。④滨海项目应审慎把握、建立准入评估机制，避免城市沿滨海岸线"一字摆开、蔓延式"发展。⑤海陆统筹，综合保护与利用好海岛资源。②

在海岸带分段规划方面，分为胶州湾海岸带、胶州湾两翼海岸带、鳌山湾海岸带和灵山湾海岸带，并提出相应的管制要求。

在海岛保护与利用方面，实施海岛保护法，完善海岛管理体制，严格控制陆岛填海工程；坚持保护优先的原则，对海岛进行分类保护、实施分类管理；规划形成由田横岛岛群、大/小管岛岛群、竹岔/大公岛岛链、灵山岛构成的近海岛屿"群、链、点"空间结构，合理利用海岛资源。

在海岸带综合管理方面，依据《青岛市海岸带规划管理规定》，加强海岸带综合管理。建立海岸带管理协调机制，明确海岸带空间管制制度，协调各专业部门的职责，统筹规划海岸带的开发和保护工作；强化海岸带环境综合执法，规范海岸带开发活动；加大海岸带地区的资源保护力度，防治陆源污染。③

---

① 魏莱：《基于生态系统水平的胶州湾海岸带管理指标体系初步分析》，中国海洋大学，2009。

② 王启尧：《海域承载力评价与经济临海布局优化理论与实证研究》，中国海洋大学，2011。

③ 董跃：《我国海岸带管理立法建设途径刍议》，《海洋开发与管理》2008年第11期，第60~63页。

（二）成立青岛市城乡规划学会海域海岸带学术委员会

由中国城市规划设计研究院、青岛市城市规划设计研究院、青岛理工大学的专家学者联合申请，经青岛市城乡规划学会批准，成立青岛市城乡规划学会二级组织——海域海岸带学术委员会。积极响应国家海洋强国战略，坚持陆海统筹，走依海富国、以海强国、人海和谐、合作共赢的发展道路，是城市规划学科和涉海学科的历史使命。

学委会的宗旨是在青岛市城乡规划学会领导下，团结和联系青岛市涉海领域的专家学者，以开展各类学术活动为主线，以青岛市海域海岸带的科学保护和有序利用为目标，致力于打造一流的学术团队。搭建学术研究平台，承担起海洋强国中学术研究责任。持续推进青岛滨海空间的生态环境与人居环境质量，促进青岛市海域海岸带的科学保护和有序利用，以学促建提升城市美誉度。

五　结语

青岛的百年建城史，就是在城市规划的基础上进行建设，通过探求城市发展规律，改进解决城市问题的方法，谋求城市建设的发展。青岛的城市建设折射了中国许多城市的建设历程，从被迫接受发展到主动学习，吸收外来规划制度，结合自身传统优势，不断发展，这是中国城市建设的现实。客观的城市发展要求，结合中国社会意识形态的主观愿望，来对城市进行了自主规划与建设。青岛的城市海岸带规划体系的建立是一个需要逐步完善的过程，只有在探索与前进中逐渐发现存在的问题，才能不断改善规划管理与实施机制，搭建具有中国特色的海岸带规划体系。

B.5

上海：新城区建设、社区发展
规划和历史文化名城保护

刘 冰 张秋扬 徐逸菁*

摘 要: 上海作为国际大都市、国家中心城市和历史文化名城，具有多元并蓄的城市特色。改革开放40年来，我国社会经济制度背景发生巨大变化，城市空间发展战略也随之改变。基于这段时期上海规划建设的阶段划分，首先阐述城市空间规划结构的变迁。其次，根据功能类型，选取新城、传统社区、风貌街区、滨江地区等典型案例，对其规划设计和实施情况进行剖析，探讨上海在新区建设、社区营造、历史保护等方面的创新探索及其经验。通过案例，总体考察上海城市规划管控和治理体系方面的特点，包括规划设计与开发管理的协调、城市设计方法的运用、历史街区保护与更新的推进以及社区规划师制度的兴起。最后，对改革开放以来上海城市规划设计工作的范式转变加以总结。

关键词: 上海新城区建设 社区发展规划 历史文化名城保护 陆家嘴金融中心区 临港新城

---

* 刘冰，同济大学工学博士，同济大学建筑与城市规划学院、高密度人居环境生态与节能教育部重点实验室教授、博士生导师，研究方向为可持续交通与城乡发展、交通网络与空间结构评估、绿色交通规划；张秋扬，同济大学硕士，上海同济城市规划设计研究院有限公司助理规划师，研究方向为交通枢纽规划、城市更新规划；徐逸菁，同济大学硕士生，研究方向为城市交通规划。

一 上海城市规划建设的阶段性特征

改革开放以来，中国经济运行机制由计划经济转向市场经济，逐步建立了城市土地有偿使用制度，城市投融资制度改革、产业结构调整也为城市社会经济发展提供了新的动力。上海作为全国经济中心，被赋予了改革开放先锋的重任。尤其是浦东开发开放后，中央正式提出建设上海国际金融中心的构想，拉开了上海城市空间扩张和结构优化的序幕，现已形成了"多层、多轴、多核"的总体城市空间格局。[①] 依据这一时期城市战略的几次重大调整，笔者将上海的城市规划建设发展大致分为四个阶段：蓄力起步期（1978～1986 年）、快速成长期（1987～1999 年）、持续扩张期（2000～2013 年）以及战略转型期（2014 年至今）（见图 1）。

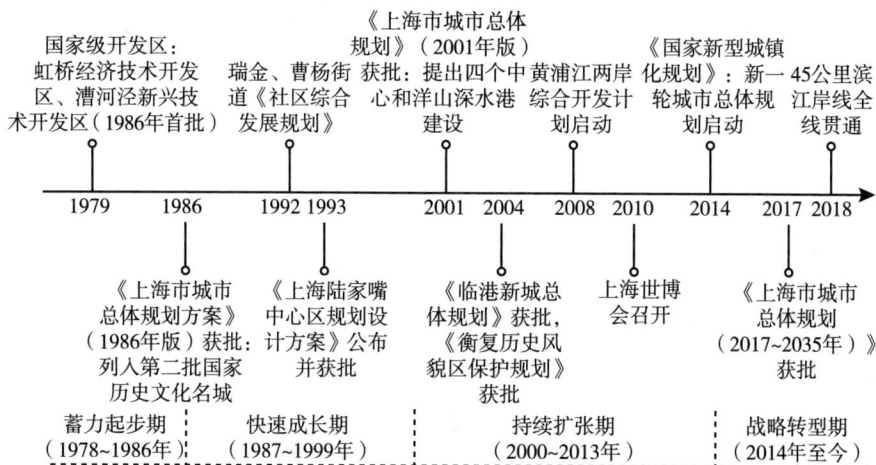

图 1 上海近 40 年城市规划建设阶段划分

资料来源：作者绘制。

[①] 上海市人民政府：《上海市城市总体规划（2017～2035 年）》，2018 年 1 月。

（一）蓄力起步期（1978～1986年）

在蓄力起步期，"调整经济结构和振兴上海经济"成为社会经济发展的主题，上海逐步从以工业为单一功能的内向型生产中心城市向多功能的外向型经济中心城市发展。1979年，为新辟一片以涉外商贸中心为定位的现代化新区，开始进行虹桥经济技术开发区的规划。1982年，编制了虹桥开发区的土地出让规划，首次采用8项指标对用地建设进行规划控制，以面向国际有偿转让土地使用权的要求，并于1988年完成了中国首个地块的国际招标土地批租。这成为上海城市建设"一年一个样，三年大变样"的历史开端。

20世纪80年代，上海对"东进、南下、北上"的发展方向进行了深入研究，开发浦东地区最终成为共识。1986年的《上海市城市总体规划》延续"有机疏散，多心开敞"的思想，提出了"有步骤地发展和改造中心城，有计划地发展卫星城和市郊小城镇"的方案[①]，同时提出了改造浦东地区的设想，指明了上海现代化建设的方向。同年，上海被列入第二批国家历史文化名城。

（二）快速成长期（1987～1999年）

以1990年浦东开发开放为标志，上海城市建设进入了跨越式发展阶段，城市改造与外资经济增长成为上海空间变动的直接推动力。基础设施投资大幅增加，内环高架、过江桥隧、轨道交通、浦东机场等重大项目建成，形成了"东西联动"的格局。大批开发项目入户浦东，东方明珠、金茂大厦等标志建筑物落成；闵行、虹桥、漕河泾三大经济技术开发区得到大力推进，高端旅馆、办公和住宅相应开始建设；中心区结合"退二进三"的产业政策进行大规模旧区改造；建成了闵行等7个卫星城，为上海城镇建设开拓了新的发展空间。这一阶段，上海城市规划编制体系日渐成熟，出台了《上

① 姚凯：《上海城市总体规划的发展及其演化进程》，《城市规划学刊》2007年第1期。

海市城市建设规划管理条例》，城市规划和管理逐步走上依法行政的法制轨道。① 为了适应其间的经济转型、社会变迁和空间结构变化，上海于20世纪90年代中期开始推进城市社区建设。

（三）持续扩张期（2000~2013年）

进入21世纪，中国加入世贸组织后，改革开放的深度和力度不断加大。上海逐步提升其配置全球资源的能力，产业与贸易的国际接轨推动了上海向全球城市发展的步伐。2001年5月，国务院正式批复《上海市城市总体规划（1999~2020年）》，明确提出要把上海建设成为现代化国际大都市和国际经济、金融、贸易、航运中心之一。该规划提出了"中心城、新城、中心镇、一般镇、中心村"五大层次的城乡空间体系，要求中心城贯彻"双增双减"方针，进一步优化布局结构；继续加快浦东新区的功能开发（2009年扩区）。在这一阶段，上海世博会筹办、郊区新城建设、以重工业为主导的制造业快速发展，成为推动城市空间快速扩张的主要动因。以世博会为契机，加快了黄浦江两岸综合开发和轨道交通等基础设施建设步伐，启动了虹桥综合枢纽及虹桥商务区、迪斯尼、临港等重点地区的开发建设，促进了功能转型和上海国际大都市的形象塑造。在规划技术方面，加强了重点地区的城市设计管控，也逐步建立起历史风貌保护规划的"点、线、面"工作框架，城市空间环境品质得到持续提升。

（四）战略转型期（2014年至今）

随着城市的快速发展，上海面临着日益增多的空间约束，首当其冲的就是人口的持续增长与用地紧张之间的矛盾，生态环境的各种潜在威胁也不断显现。2014年的《国家新型城镇化规划》也提出了提高城市可持续发展能力的要求。在转型发展的战略机遇期和关键攻坚期，上海启动了"上海2035"的总体规划编制。该版规划于2017年获批，将上海定位为卓越的全

---

① 叶贵勋：《循迹启新：上海城市规划演进》，同济大学出版社，2007。

球城市和创新、人文、生态之城，提出了把上海建设成为国际经济、金融、贸易、航运、科技创新中心和文化大都市的新目标。① 规划要求坚守人口规模、建设用地、生态环境、城市安全四条底线，积极探索超大城市发展模式的转型途径。在由增量开发转向以存量开发为主的宏观背景下，上海专门研究制定了《上海市城市更新实施办法》，在有机更新的规划、政策、管理和行动模式等方面进行了深入探索。

二　规划实践案例分析

本文结合上述的发展背景，从新城区建设、社区发展规划和历史文化名城保护三个方面，分别选取若干案例，分析上海规划建设的实践发展及其经验教训，以考察上海城市规划技术政策的演进过程和特点。

（一）新城区建设——陆家嘴金融中心区

1. 规划背景

1984 年，在上报中央政府的《上海经济发展战略汇报提纲》中首次提出开发浦东的设想。1986 年国务院在关于《上海城市总体规划方案》中批复提出，"要使浦东地区成为现代化新区"。1990 年 4 月，中央政府决定开发开放上海浦东，使之上升到国家战略地位。陆家嘴金融中心区是全国首个中央商务区（CBD）的重要组成部分，是浦东功能开发和形象建设的标志性地区。

1990 年以前，上海城市建设的重心局限在浦西城区。浦东地区在江南农田耕作模式下，经历了平稳的自组织发展演进，滨水沿线呈现农田、仓库、码头并存、斑块交错的乡村－城镇景观。1992 年，上海市进行了陆家嘴中心区规划及城市设计方案的国际咨询。之后以上海联合设计小组方案的

---

① 徐毅松、廖志强、张尚武等：《上海市城市空间格局优化的战略思考》，《城市规划学刊》2017 年第 2 期。

整体格局为基础，从城市形态、城市设计、综合功能、道路交通、基础设施、控制与实施等方面重点深化。① 《上海陆家嘴中心区规划设计方案》于1993年正式获批，成为陆家嘴金融中心区建设的主要依据。

2. 规划方案特点

陆家嘴金融中心区占地1.7平方公里，规划总建筑面积43.5平方公里，毛平均容积率2.5倍。针对高端商务金融功能和甲级写字楼集中建设的开发需求，陆家嘴金融区采用成片规划、逐块转让的开发方式，抓住规划立法、土地有偿使用试点和城市设计运用等三个关键环节进行规划编制。规划方案以空间为中心组织建筑布局，依托世纪大道轴线、东方明珠和"三塔"地标（金茂大厦、环球金融中心和上海中心）以及滨江和中心大型绿地景观，形成了尺度恢宏的空间格局。

1996年，陆家嘴中心区东部的金融街基本完成，滨江沿岸的绿地环境已经形成，地标性摩天高楼金茂大厦、东方明珠陆续建设完工。2007年，陆家嘴大尺度建设工程接近收工，地区整体形象塑造基本完成。2014年，环球金融中心、上海中心、金茂大厦三大重要地标全部建成，形成了错落有致的天际线。②

3. 持续更新规划

陆家嘴金融中心区是上海国际金融中心的核心，吸引了众多的投资主体，已成为中国资本最密集、金融机构集聚度最高的CBD。然而，由于规划轴线与原有路网结构和肌理不协调，公共服务功能缺乏，加之各楼宇建设由独立的开发商和投资者承担，在后续使用中暴露了一系列问题。（1）公共空间缺失。单体建筑物形成内向的空间，且街道界面连续性不足，缺乏日常室外交流休憩活动空间。（2）机动车主导，步行环境不佳。建筑单体尺度巨大，导致步行距离过长；道路交通活动以车行为主，街道步行活力低。

① 刘晓星：《陈易对陆家嘴中心区城市空间演变趋势的若干思考》，《城市规划学刊》2012年第3期。

② 陶建强：《上海陆家嘴中央商务区规划开发回眸》，《上海城市管理职业技术学院学报》2004年第6期。

（3）综合商业配套不足，缺少功能多样性，难以满足办公人员日常就餐等需求。①

2007 年以后，对陆家嘴地区的提升规划被提上议程，目前已建立"业界共治"的公共治理架构，进行了街区改造试点和公共空间功能提升的工作。（1）增加商业功能。除了国金大厦、正大广场等大型商业综合体之外，通过财政补贴的形式，鼓励各大楼宇自办员工餐厅，利用零散空间，增加小型商业设施。（2）建设二层空中连廊。考虑到提高步行的便利性，通过环形空中连廊将地铁 2 号线陆家嘴站与正大广场、东方明珠、国金大厦等建筑连接起来。（3）开发地下空间。2010 年实施的"陆家嘴金融城地下空间开发项目"将国金大厦、金茂中心、上海中心等重要楼宇和地铁出入口连接起来，形成相对完善的地下步行系统。

（二）新城区建设——临港新城

1. 规划背景

上海在"一五"期间就提出了卫星城的构想，至 20 世纪 90 年代明确提出了新城规划。临港新城毗邻洋山深水港和浦东国际机场，是上海建设国际航运中心的重要组成部分，也是上海主要现代装备制造业基地和市郊明确重点发展的三个新城之一，是重大项目带动下新城规划的典型案例。

临港新城（2012 年改名为"南汇新城"）的前身是海港新城，随着航运中心洋山港的起步，需要配建相应的陆域物流集疏运产业基地，因此在 1996 年提出依托港区发展滨海新城。在 1999 年编制的《上海市城市总体规划》中，明确了 11 个郊区新城的布局，临港新城是其中之一。2003 年 3 月，在《上海临港综合经济开发区规划选址与布局建议》中，初步明确了其发展规模和空间范围。在新城结构规划编制的基础上，规划部门组织了国际方案征集并最终确定德国 GMP 公司方案为入选方案。方案整体以中央的

---

① 孙施文：《城市中心与城市公共空间——上海浦东陆家嘴地区建设的规划评论》，《城市规划》2006 年第 8 期。

滴水湖为景观和活动中心，围绕滴水湖设置环状放射形路网，其功能也由中心向外圈层式展开。2004 年 1 月，《临港新城总体规划（2020 年）》正式批准实施，规划面积 315 平方公里，规划人口 83 万人。[①]

2. 新城中心区规划方案特点

临港新城的规划编制采用了中外设计部门合作的工作形式，将境外设计公司作为专题设计组纳入整体工作组。基于"田园城市"的规划理念，在总体规划层面引入城市设计，提出了新城区开发强度、广场和公共空间的引导建议，指导后续的城市空间形象建设。临港新城中心区最终方案以圆形人工湖作为核心，路网和地块功能也相应地进行环湖圈层式布局，极具形式感。[②]

（1）环楔水系和绿地景观。中心区核心为面积约 5 平方公里的大型人工景观湖泊，作为景观中心和公共活动中心；环湖布置环网放射状道路和水系，构建同心圆式骨架网络；以环湖绿化、二环绿带、放射状楔形绿地共同构成绿地系统。

（2）环湖圈层式功能布局。一环区为集中商务办公功能，采用密路网小街坊的开发模式；二环区主要为绿化带，结合景观布点各类公共服务设施；三环区为均质的多层城市集合住宅；三环区以外为围绕中心区的结构绿地。

3. 新城中心区风貌控制

作为上海新城建设的标杆地区，建筑风貌的重要性不言而喻。2002 年 GMP 公司就编制了《芦潮港新城[③]城市风格鉴定》，用于指导中心区的建筑设计。该鉴定从建筑群整体性和分区差异化两个方面展开。（1）强调建筑群整体性，建筑风格控制要素包括开间宽度、层高、脚线和屋脊高度、建筑材料、色彩等[④]；（2）根据相对位置和地理条件进行分区，每个分区都有细

---

① 上海市临港新城总体规划（2003~2020 年）。

② 上海市城市规划设计研究院：《上海临港新城主城区规划评估》，2008。

③ 临港新城曾用名。

④ 郑科：《临港新城中心区建筑风貌研究》，《上海城市规划》2009 年第 4 期。

化的风格控制要求，在协调中突出变化，打造差异化风貌，同时利用各分区的界面控制，应对环形路网方向性较弱的问题（见表1）。

表1 各区域单体建筑风格要求

设计区域	建筑名称	风格要求
设计区 i： 标志性景观及建筑	城市楼群—建筑风景岛	建筑形体/比例：类型、层面划分、基座区、主楼区、檐高
	剧院	
	航海博物馆	外墙立面：立面的划分和网格、外立面材料、遮阳构建、入口、广告
	云塔	
	大学	
	市政府	屋面：屋面倾角及屋面形式
	交流中心	
设计区 ii： 一环区	湖滨环带/湖滨大道	
	城市内环带	
	公园环带	
设计区 iii： 城市岛（三环区）	住宅建筑	
	商住楼及停车楼	

资料来源：GMP，2002。

基于上述分析，临港新城中心区按照重要性被具体分为 A～G 七个分区，等级越靠前的分区，控制要求也越严格。例如，A 区为环湖区和重要入口区，是地标建筑所在地，要求建筑围合式或者满覆盖布局，建筑贴线率达到90%，入口处允许出现色彩较重的建筑以增加其识别性。

4. 规划实施情况

中心区一期建设范围包括人工湖以及西侧扇形区，目前建设基本完成，主要体现在以下三个方面。（1）功能性项目投入和地标建筑的建设，包括国际酒店、大型购物超市、极地海洋公园等功能性项目以及中国航海博物馆、上海天文馆等地标性建筑；（2）优势高校和医疗资源引入，包括上海海事大学、上海海洋大学等4所高校共6万名师生，并开设上海第六人民医院东院；（3）配套住房和商办建设，包括80万平方米商办楼宇和130万平方米的各类商品住房。

经过十几年的投资建设，临港地区的产业体系框架基本完成，基础设施及配套建设初步完成，形成了新兴滨海城市的雏形。但是由于临港新城距离上海中心城区较远，交通不便，配套服务设施尚不完全，对人气的吸引力仍然较低。

（三）社区发展规划

1. 规划背景

随着国内从计划经济向市场经济转变，以单位制度为主构建出的社会关系[1]被新的、更复杂的社会关系所取代，集体的生活方式逐渐演变为更多样化、异质化的生活方式。按规模等级配置的传统社区规划方式，也显现出其"计划性"带来的弊端，标准化的服务设施配置难以满足人们的差异化需求。由此，更强调地区适应性和公众参与的社区规划应运而生，并被逐渐纳入国民经济和社会发展规划，成为创新社会管理、实现国家治理体系和治理能力现代化的重要举措。

上海的社区发展规划多以"街道"辖区为地域单元。1991年上海全市开展了文明社区的创建活动，1992年卢湾区瑞金街道、普陀区曹杨街道编制了《社区综合发展规划》，出现了社区规划的实践案例。[2] 由于居住社区类型复杂多样，空间分异日益明显，社区规划的内容比较广泛，各种类型的社区规划实践也随之出现。在存量发展和社区需求不断升级的背景下，精细化的社区规划成为上海面临的重要课题。"上海2035"提出了"15分钟生活圈"的基本单元，作为组织社区生活和公共服务的重要载体，并倡导存量空间利用和当地公众参与的社区营建方式。

2. 社区微更新计划

为了探索如何"像绣花一样精细"地提升城市管理能力，2016年上海开展了"行走上海——社区空间微更新计划"的规划实践活动。社区微更

① 刘君德：《上海城市社区的发展与规划研究》，《城市规划》2002年第3期。

② 匡晓明、陆勇峰：《存量背景下上海社区更新规划实践与探索》，中国城市规划年会，2016。

新计划倾向于设计师、居民共同参与，着重针对闲置地块、微小空间的改造利用，是通过自上而下和自下而上相结合的方式，来提升社区品质、改善空间环境的渐进式发展活动。

在 6 个市辖区中，共选取 11 个小区作为微更新改造试点项目。项目资金、宣传启动费等由政府部门负责，试点项目的改造费用由所在街道负责，并号召有志于社区营造的规划师、建筑师、景观师、艺术家以及民间机构参与到试点项目中。[①] 设计师先在试点小区收集关于公众对社区意识、现状矛盾和改造意愿的问题，然后通过改造小区公共空间和绿化空间、增加活动设施、完善步行和车行交通环境、转变公共废弃建筑功能等方式进行微更新。试点小区搭建了多种方式的公众参与平台，以讲座、居民代表座谈、交流会等形式了解和关注居民日常生活诉求，同时充分调动社区居民的积极性，使公众可以最大限度地参与社区更新。

除了物质空间环境的改善，社区发展还涵盖了居民共同意识和归属感的塑造、社区组织管理机制的建立健全等。[②] 为了提高社区公共空间建设水平，需要加强社区与专业力量的合作，由此催生了社区规划师制度。社区规划师的主要职责是为社区更新工作提供长期跟踪指导和咨询，全过程参与社区规划的编制与实施，搭建政府与公众沟通互动的桥梁等，从而促进社区综合发展。

3. 微更新实施案例——塘桥街道入口广场微更新

以浦东新区塘桥街道的金浦小区入口广场微更新为例。该方案的设计团队是经多方案比较和评审后选出的。设计人员先从居民日常活动需求出发，结合原环境中"亭"的元素，以"亭""台""廊"作为主要设计元素对公共空间重新组织。之后，他们再将设计图纸、模型等成果在小区内现场展示，为居民逐一解释设计理念和实施建设后的效果，面对面征询居民意见，并根据居民意见对不满意的设计进行修改。这是一次深度的公

① 徐磊青、宋海娜、黄舒晴等：《创新社会治理背景下的社区微更新实践与思考——以 408 研究小组的两则实践案例为例》，《收藏》2017 年第 4 期。

② 赵蔚：《社区规划的制度基础及社区规划师角色探讨》，《规划师》2013 年第 9 期。

众参与式规划，相比传统规划方式而言，能够更好地调动公众参与的积极性，同时兼具灵活性和操作性，是目前社区更新和发展规划编制的新趋势。

（四）历史文化名城保护——衡山路—复兴中路历史风貌保护区

1. 规划背景

上海是我国 1986 年公布的第二批历史文化名城之一。1991 年，上海市规划局会同文管会组织研究了《上海市历史文化名城保护规划》的编制。同年，上海市政府颁布了中国第一部有关近现代建筑保护的地方性政府法令《上海市优秀近代建筑保护管理办法》。在 2001 年版的《上海市城市总体规划》中，首次划定了 11 个历史文化风貌保护区，此后逐渐扩展为中心城区 12 个、郊区 32 个历史文化风貌保护区，还有超过 400 条风貌保护街坊（道路）和超过 3000 幢历史保护建筑。在不断实践中，上海已形成点、线、面相结合的风貌保护对象体系，并对保护管理的内容和方法做出了更加明确的规定。

衡山路—复兴中路历史文化风貌区（简称"衡复风貌区"），是中心城区划定的 12 个风貌区中规模最大、历史建筑和空间类型最丰富、风貌特色最为鲜明的风貌区。[①] 该风貌区内分布了大量质量较好的近现代建筑：不仅有典型的里弄、公寓、各国风格的花园住宅，还有一大批上海的高等院校、医疗机构、名人故居、花园式宾馆等历史标志性建筑物。

2003 年，上海市规划部门以衡复风貌区的保护规划编制作为试点，在保护的内容、类型、功能、交通、空间控制等方面进行了有益的创新。2004 年 10 月，上海市政府正式批准并实施《上海市衡山路—复兴中路历史文化风貌区保护规划》，这一规划为历史文化风貌区的保护工作提供了详细的规划管理依据，也成为上海其他风貌区保护规划编制的范本。

---

① 伍江、王林：《探索与突破——上海市衡山路—复兴路历史文化风貌区保护规划综述》，《上海城市规划》2004 年第 6 期。

2. 规划方案特点

在对法、英、意、德等历史风貌保护体系进行对比分析后，根据"整体性保护理论"，从城市空间、功能、历史文化、技术法规等方面提出了适合上海管理体制的规划编制方法，确定了四条规划原则：整体性原则、原真性原则、可持续原则和分类保护原则。

从建筑在类型与风格上的典型性、在区位景观中的重要性、在形成城市空间特色中所起的作用以及实际的质量状况等方面，对建筑进行综合分析。充分考虑规划及房屋土地管理的操作性，将区域内所有建筑划分成保护建筑、保留历史建筑、一般历史建筑、应当拆除的建筑和其他建筑，每一种建筑分类都有明确的界定标准和后续的规划策略（见表2）。

表2　建筑分类保护原则

建筑分类	定义	规划要求
保护建筑	文保单位、优秀历史建筑	不能拆除，按法律维修和再利用
保留历史建筑	保护建筑以外风貌有明显特色的历史建筑	不得整体拆除，应维修再利用
一般历史建筑	风貌一般的建筑	可以拆除重建，建筑在核心保护范围内要求原面积、原高度，且与原有风貌相协调
应当拆除的建筑	危棚、简屋、违章建筑，改建无法与风貌相协调的建筑	不得改扩建，应拆除后按规划新建
其他建筑	除上述以外的建筑	可以改建、拆除或新建，应与风貌区特色相协调，外立面与周边风貌特色相协调

资料来源：《上海市衡山路—复兴中路历史文化风貌区保护规划》。

3. 规划实施案例——武康路

武康路长1183米，宽12~16米，沿路集中了众多优秀历史建筑和名人故居。2007~2009年开展了武康路的三年保护性整治，从景观、建筑、公共空间管控和细部设计等方面对其整体风貌进行保护和修整[①]，具体包括以

[①] 沙永杰、纪雁、钱宗灏：《上海武康路：风貌保护道路的历史研究与保护规划探索》，同济大学出版社，2009。

下内容。

（1）景观控制要素：包括街道空间、建筑、围墙和院落入口、绿化、铺地、材质和色彩、交通、外露的管线、店面、广告牌、照明、公共艺术设施等。由于武康路的大部分沿街立面为围墙，围墙的形式和材质成为重点研究课题之一。

（2）整体风貌控制：路面不拓宽、不扫落叶；新建建筑高度和立面控制，保证新建筑与旧有建筑有所区分却又互相协调。

（3）公共空间植入：利用交叉路口、沿街弄口、公寓口和小微绿地进行空间梳理和景观塑造。

（4）多元性设计：避免一个设计师从头做到尾，在既定规则下发挥设计的多样性，具体体现在围墙、弄堂口的不同设计上。①

4. 后续规划完善

衡复风貌区保护规划获批后，8年间改建、新建等项目约40项，是上海更新力度最大的历史文化风貌区，且还在不断优化和推进。风貌区保护规划本质上属于中心城区旧区改造更新规划，主要矛盾集中在有限的空间资源与居民日益增长的空间需求之间，居住空间的不足造成了历史建筑的超负荷使用和大量违法搭建，对历史建筑造成了极大伤害。

为应对这一问题，徐汇区政府于2015年发布了《徐汇衡复历史文化风貌区保护三年行动计划》②，提出"三增三减"的实施策略，包括减容量、减少不必要的过度经营、减少人口，同时增加社会配置、增加公共服务、增加公共空间。次年，对风貌区内15条风貌道路开展了环境综合整治和业态梳理，拆除违法搭建，并对业态进行有选择的调整。同时，以历史建筑作为切入点，发动地区群众的力量，加强公众的保护意识，传播历史文化。

---

① 张曼琦：《历史街区风貌保护之围墙景观探讨——以上海武康路为例》，《现代城市研究》2015年第8期。

② 《徐汇衡复历史文化风貌区保护三年行动计划》，徐汇区人民政府办公室，2015。

（五）历史文化名城保护——滨江工业遗存保护利用

1. 规划背景

上海是我国工业文明的摇篮，工业化时期给上海留下了重要的时代印记。随着产业结构的不断升级，上海市区内的工业用地逐渐减少，工业遗存的保护和利用成为上海历史文化建设和保护的重要课题。在 2003 年开始实施的《上海市历史文化风貌区和优秀历史建筑保护条例》中，将"建成 30年以上，在我国产业发展史上具有代表性的作坊、商铺、厂房和仓库"列为保护对象，这对工业遗产的保护来说具有重要的意义。

上海因港而兴，黄浦江两岸滨水地区是城市重要的发展轴线，百余年来，其作为经济中心、工业基地、能源和供给基地，工业遗存丰富。2002年，上海启动黄浦江两岸综合开发，确定了其"百年大计、世纪精品"的基本原则。2013 年，两岸地区被市政府列入六大重点功能区之一，旨在将其打造成世界级的滨水开放空间。为此，制订了《黄浦江两岸地区公共空间建设三年行动计划（2015～2017 年）》，并提出"贯通 45 公里滨江岸线、还江于民"。在黄浦江两岸开发中，加强了对滨江地区历史建筑和工业遗存的保护和改造利用，老的码头、仓库、厂房"脱胎换骨"，被改造成了艺术空间、美术馆、展示中心等，为城市有机更新、历史文脉留存、文化地标打造、公共空间塑造等提供了上海特有的解决路径。2017 年底，黄浦江两岸公共空间贯通开放，对于上海"卓越的全球城市"的建设，具有长远而重大的意义。

2. 徐汇滨江案例

徐汇滨江地区[①]面积约 9.4 平方公里，岸线长约 11.4 公里，曾聚集了包括龙华机场、上海铁路南浦站、北票煤炭码头、上海水泥厂等近代民族企业，是当时上海重要的交通运输、物流仓储和生产加工基地。规划确定打造

---

① 徐汇区西南部，南起关港，北至日晖港，东临黄浦江，西至宛平南路，面积约 9.4 平方公里，岸线长约 11.4 公里。

"西岸文化走廊"品牌，重点发展文化艺术、信息传媒、创新金融、综合商贸、航空服务等功能产业。2012 年成立了徐汇滨江地区综合开发建设管理委员会、上海西岸开发有限公司，以土地收储、基础设施和公共环境建设为切入点，推进滨江地区的改造更新和功能升级。

该地区借鉴了欧洲"棕地"复兴的成功经验，结合历史遗存的保护性开发要求，形成了开放空间规划的整体思路。滨江岸线融入工业遗存、生活休闲、艺术文创等建筑或地区元素，在保留历史遗存的基础上，增强文化、休闲功能，塑造地区特色。其中，龙美术馆（西岸馆）保留了基地内的原北票码头"煤漏斗桥"，形成"斗廊"时尚空间；余德耀美术馆利用了原龙华机场大机库；原上海飞机制造厂冲压车间的厂房转型为西岸艺术中心；工业时期的煤炭传输带被改造为二层步行观景平台。原上海水泥厂也将被打造为徐汇滨江的旗舰文化地标——"梦中心"，进一步激发地区活力。

3. 民生码头案例

黄浦江东岸的民生码头已逾百年历史，坐落其中的庞然大物——八万吨筒仓曾是"亚洲最大容量散粮筒仓"，现为上海市文物保护建筑、重要的工业遗产。[①] 随着黄浦江两岸地区的再开发，沉寂多年的民生码头焕发新生，成为黄浦江东岸公共空间贯通的重要节点和浦东文化艺术的新地标，被废弃的八万吨筒仓以"上海城市空间艺术季"主展场的身份被"改造性再利用"。按照民生码头的保护改造细则要求，除了建筑的四个立面，"筒仓一层室内的椎体漏斗，其所形成的空间序列是建筑的主要特征所在，需作为重点保护部位"。因此，在不改变主要立面、主要结构体系、主体空间格局和重要建筑构件的条件下，悬挑的外挂自动扶梯通廊成为改造的亮点，它不仅建立了筒仓首层与顶层展示空间之间的联系，也创造了公共文化空间所必要的开放性与公共性，有效激活了外部空间。该项目既延续了工业遗产的历史价值和文化意义，又呈现了如何连接和重整原先断裂的城市空间，为工业遗产建筑的活化利用提供了示范。

---

① 马宏：《民生码头八万吨筒仓一期改造》，《时代建筑》2018 年第 1 期。

三　上海城市规划设计工作的主要转变

改革开放 40 年来，在上海城市发展"由外延增长型转变为内生发展型，土地利用方式由增量规模扩张向存量效益提升转变"的过程中，城市规划设计的技术政策也发生了重大转变。[①] 在这一时期，城市空间发展战略的重点逐渐从"速度"转移到"质量"，政府、企业、市场、公众在城市规划设计中的利益协调也愈加重要。

（一）决策机制方面

上海城市规划设计的编制决策过程经历了以政府为主导到公众参与相结合的转变。在大规模的新区建设和旧城改造中，通常采取"政府主导、企业主体、市场运作"的模式，这些宏大的规划更多地体现了政府意志与精英规划师的技术支持。社区微更新项目更加注重居民参与社区营造的意识和能力培养，更多地考虑居民日常生活中的实际需求和更新意愿。社区规划师和公共参与制度的建立，促进了自下而上和自上而下相结合的规划编制方法的发展和规划决策机制的完善。

（二）目标路径方面

城市规划作为一种空间政策，为适应不同阶段的发展目标和要求，其技术政策也不同。为转变粗放扩张的土地使用模式、倒逼社会经济发展转型，城市规划已从过去 GDP 驱动下的"增长"思维转向资源约束下的"底线"思维，其规划目标也从以空间、产业为核心，逐渐转变为生态、文化、产业、空间、环境等多元并重。在建设用地负增长的大前提下，为了有序开展城市更新活动，上海出台了《城市更新实施办法》，要求根据对现有控制性

---

① 庄少勤：《上海城市更新的新探索》，《上海城市规划》2015 年第 5 期。

详细规划的评估，有条件地在用地转性、高度提高、容量增加、风貌保护、生态环保等方面予以适度引导。

（三）空间品质方面

经过 40 年的快速发展，上海已从大规模扩张进入渐进式更新的阶段，城市规划建设的重点也逐步从形态开发转向功能提升。作为 20 世纪 90 年代和 21 世纪初建设的新城区，陆家嘴金融中心区和临港新城注重宏大的形式感而街区活力不足，亟待从人的尺度出发加强公共空间塑造；而历史风貌街区保护需要关注本地居民与商业开发的利益冲突，保留原有的空间特色；社区微更新则更加关注市民的日常需求，强调零散闲置空间的激活再利用。总之，城市更新和空间品质提升是一个持续的过程，今后应加强物业主体、社会公众、多领域专业人士等的多方参与、共同治理，从而共同提高城市的功能和品质。

B.6

厦门：城中村改造、岛内外村镇建设和城市发展

李孟顺*

摘　要：　"美丽厦门"① 发展战略的提出，让厦门迎来新机遇。1980 年厦门在成立经济特区后，陆续提出"岛内外一体化""跨岛发展""一岛一带多中心"等战略，厦门城市面貌发生了巨大变化，大厦门将崛起为世界级湾区，环东海厦门湾地区因其地理优势及土地规模脱颖而出。当前，厦门也正朝着"国家中心城市"方向努力，在这样的背景下，如何优化其空间布局，解决资源配置难题，成为厦门的一项重要任务。本文借由几个改造模式的观察，并以"跨岛发展"分析厦门岛内外村镇建设，探讨厦门城市发展对村镇改造的影响。

关键词：　厦门　城中村改造　跨岛发展　岛内外村镇建设　海湾型城市

一　引言

20 世纪 90 年代起，厦门岛内的旧村庄就已经密实化，2010 年以后厦门

---

*　李孟顺，厦门大学历史学博士，澳门城市大学创新设计学院助理教授，研究方向为城市规划与设计、建筑设计、古建筑修复保存与活化。
①　厦门市总体规划（2013～2030 年）战略研究工作启动，经过反复研究、讨论，2014 年形成了《"美丽厦门"战略规划（讨论稿）》。

"跨岛发展"带动岛外四大新城的建设，快速推进岛外的城市化进程，2017年出台的利用集体建设用地建设租赁住房新政，打开了城中村用地进入公共住房市场的通道。集体建设用地建公租房涉及集体土地使用制度的完善、保障房住房体系构架的优化、土地一级市场调控等系统性问题，迫切需要城乡规划对此进行深入的思考和探索。2018年为改善民生、完善城市功能、城市主干道的景观整治和绿化美化等，厦门将开启大规模征迁改造模式，包括厦门东部片区（岭兜、何厝、前埔）、营平片区旧城改造、湖里 7 大片区、同安 8 大片区及翔安 120 个项目。

在"城中村"（旧村）改造模式方面，厦门市国土资源与房产管理局于 2018 年 5 月 23 日发布的《关于厦门市城中村改造的要点》中提到，思明、湖里两区采取"政府主导、国企运作"开发建设模式，实行土地统一收储供地。集美区则采取"区属国企参与集体发展项目"共建模式，海沧区由已成立的两家国有企业负责"集体经济组织合作开发建设集体经济项目"，翔安区停留在探索创新农村集体发展用地开发模式上，并"引导国企参与开发"建设，积极引导集体经济组织，在依法依规的前提下，充分利用农村预留发展用地等其他政策促进村集体和村民持续增收。

二 厦门的城中村及改造

自 1984 年设立厦门经济特区后，厦门市快速推进城市化进程，在城市快速扩张的过程中采取征用农地而绕开农村宅基地的做法，使得厦门本岛耕地逐步被征，而留下了大量的"城中村"。2010 年以后厦门"跨岛发展"带动岛外四大新城的建设，快速推进岛外的城市化进程，在岛外新城开发的包围下，近郊村庄逐渐成长为城中村，市政府同样选择"征地留村"的做法，岛外"城中村"开始形成。随着厦门城市空间扩展，这些"城中村"也快速蔓延。

一直以来，"城中村"改造均是按照"政府主导、市场运作"的模式进行，多采用"政府拆迁、净地出让、就地安置、就地平衡"的单一改迁模式，庞大的改迁资金使改造动迁的工作推进滞碍。① 2013 年中央村镇化工作会议之后，随着国家对城镇化工作基本思路的重大转变，厦门开始重视"城中村"存在价值并调整处置对策，被迫接受"城中村"将长期存在的现实，大幅度减少"城中村"拆迁改造，转向期望以"共同缔造"形式整治"城中村"。

从 2014 年开始调整全市村庄的空间布局规划，将大部分"城中村"作为规划保留村，少数村庄采取整体拆迁，并调整相应片区的规划定位、用地布局和公共设施配套。在调整村庄空间布局的基础上，相应调整片区规划路网，使规划路网尽量绕着"城中村"，一方面为了便于规划道路的实施，另一方面也是希望通过道路限定"城中村"拓展边界。在此，介绍几个不同于前述改造模式的案例，可探知厦门城中村未来发展的取向，将具备多元及弹性。

（一）村民自发性发展的城中村——曾厝垵

曾厝垵村被誉为"中国最文艺的渔村"，亦被称作"中国宜居建设中的城市样本"，因为在其发展过程中，能够因地制宜，与其他大拆大建的城中村不同，在保持特有历史风貌中进行转型，形成具有闽南文化底蕴和多元包容特色的文化魅力，其共管自治、发展旅游文创、坚持厦门味道的改造模式，实现了"城中村"的华丽转身，被设定为"具备升级改造潜力的城中村"，因此被称为"曾厝垵模式"。

位于厦门岛南边的曾厝垵村，隶属于思明区滨海街道，是传统的渔村聚落，2003 年完成"村改居"的转换，2006 年岛内宣告全面退渔，与其他城中村面临相同的困境，房屋出租成为主要收入。而村的地理位置较好，给村落自发性提供了条件。邻近的厦门大学学生公寓、华夏学院、科技中学等文教机构，引领农村的租赁活动，加上村落原本就不及鼓浪屿之名而未被开发，在不属于迫切拆迁的进程下，便成功转型为"文化创意渔村"。2013 年基于"美丽厦门"政策，曾厝垵被列为"城中村"转型试点，在政府引导

① 从 2007 年开始，厦门岭兜村的就地改造，由于资金不能平衡，一直未取得实质性的进展，2018 年厦门岛内岛外将加快旧村改造步伐，改变拆迁安置政策后，岭兜才又复行旧村改造。

与社群共建下，既保护原生态的渔村历史风貌，又注入时尚多元的文化创意内容。目前曾厝垵村依靠村集体经济的物业、服务业等的收入，领取年终月末分红，居民亦得到妥善安置。

曾厝垵村落布局、街道基本还保留着原始格局，并以宅基地为基础开始兴建民宅及改造，这样的整改模式和发展形态，与现今的城市规划专业团队和开发商以利益为取向有很大的差异，当地居民尽可能地以自我意志为主，自发性的发展使村落氛围更为活跃开放。

（二）政策引导改造下的城中村——蔡塘

蔡塘社区位于厦门岛东南部"两岸金融中心"片区"湖边水库组团高尚居住区"范围内，土地性质为集体土地，现有两个自然村蔡塘社及古地石社，下辖五个村民小组，全村面积 1.25 平方公里，截至 2015 年蔡塘社区的农民工外来人口达 5 万人，本地居民为 3000 人左右。[①] 厦门成立经济特区前，蔡塘创办全市第一家农民股份制企业。步入新时代，蔡塘创下的"政府引导、自我拆迁、招商先行、全民入股、共同发展"，破解征地拆迁难的途径和集体经济发展，被称为"蔡塘模式"。因邻近厦门岛东岸，被设定为两岸金融中心区的"重点区域规划的城中村"。

蔡塘是村改居的典型，是自治改造商业化提升、农村集体经济转型发展的生动例子，在短短不到 20 年的时间里，蔡塘从一个小村庄蜕变成人口密集的"城乡接合部"社区。以房屋拆迁补偿方式为主采取货币补偿和产权调换两种模式。而蔡塘则创造了"蔡塘社区发展中心"的新模式[②]，成为厦

---

① 厦门市统计局：《厦门市 2015 年 1% 人口抽样调查主要数据公报》，2015 年，第 1~2 页。

② 蔡塘社区发展中心（蔡塘广场）处于厦门岛内黄金地段，它位于厦门中心区域，西临忠仑公园，北临吕岭路，规划总用地面积约 3.1 万平方米，建筑面积约 12.8 万平方米，项目投资总额 6 亿元。湖里区江头街道蔡塘社区以全民入股的方式建起了蔡塘社区发展中心，厦门农商银行为其提供 3 亿元的贷款支持，并量身定制了直接分配到个人的"专款专用、分期使用、利率优惠"的专属金融服务方案。通过在厦门农商银行获得分期贷款的方式完成入股资金筹集，每个社区居民坐拥资产 70 多万元，每年可获分红 3 万元，集体经济项目的发展带动了民生难题的解决和社会事业的进步。

门市首个由居民集资入股投建的发展项目，建成后实行社区集体管理，收益按股份分配。

蔡塘社区置换土地，从政府规划拆迁、社区参与到民主投票，"蔡塘模式"在城市发展和农民利益之间找到了很好的平衡。一方面减少了征地拆迁的压力，另一方面解决了失地者的后顾之忧，实现了可持续发展，值得肯定。

（三）以农民权益考虑的"中转安置区"——钟山村

海沧区钟山村整体改造项目启动于 2005 年，后因村民反对规划设计方案北区安置地点的安排，因此进行项目修改，将五大功能区域的北区调整为中转安置区，最终于 2008 年定稿。

为了保障村民权利，经反复考虑和协商，将钟山村民安置区用地范围由北部调整至东部，根据基地条件，北区是一块可以马上动工的地块，因此规划时把该地块作为钟山村的中转安置用地。钟山村东部片区的安置工程完工后，北部中转安置房仍可作为海沧周边地块的安置中转房使用，该工程不仅为钟山村整体改造服务，还可以为周边村庄的改造服务，甚至为整个海沧区的整体改造创造出一个良好的安置中转站，等到周边村庄全部改造完毕，北部中转安置房将完成其历史使命，待时机成熟便可以将其作为商住小区用房形式进行销售，所得收入可以用来平衡钟山村安置工程的政府开支以及为周边区域安置服务时所发生的政府开支。

厦门市城市化的快速发展中，该项目经过协调，保障被征地农民失地不失收，实现农村和城市、政府和村民"双赢"的改造开发模式。

（四）海西对台交流的岛外新城——刘五店村

厦门城市规划将刘五店村划设于厦门市翔安区环东海域东部新城的"起步区"内，目前并不算是城中村。刘五店村原是一个滨海小渔村，兴起于唐、五代，是厦门历史最悠久的海港之一，北宋时已对厦门岛互通，乾隆时期成为较大的人口聚落，清光绪中期已成为贸易码头和小集镇，鸦片战争后，厦门被辟为通商口岸，刘五店失去了港口发展的优势，逐渐成为海防重地。民国初期，仍通过该村从上海、天津、台湾运回货物。1949 年被列为军港后，短暂停止货物的运载，1981 年运输蔬菜至香港、澳门，其成为福建对外开放的运点。刘五店是福建最大的虾苗养殖基地，也是全国虾苗的主要产区，为厦门离台湾最近的港区。根据厦门港总体规划，刘五店"海翔码头"为厦门港发展大型散货港区，南部港区将以货柜运输、临港工业开发为主，并为对台经贸合作和三通服务，未来将逐步承接厦门岛内东渡港区搬迁需要，是厦门港可持续发展的依托，也是厦门岛内城市升级发展和"跨岛发展"战略的重要实施步骤。

厦门政府将刘五店村定位为以港口、物流、高科技、工业、居住为主的"滨海新城的高端商住区"，老渔村的城市化指日可待。2017 年完成的厦门第二东通道的翔安大桥于刘五店村登陆，加上"翔安区刘五店片区控制性详细规划"中规划设置对台桥头堡与海西国际会议会展中心，将带动刘五店村的发展。片区内的几个村庄改造安置规划，是将原有村庄设为基层服务设施用地，仅刘五店村与林前村有村民居住，因此于周边划设安置房用地。在即将来临的城市化发展中，希望能尽可能地保存古渡、古镇的村庄风貌。

三　厦门的岛外村镇建设

2002 年，厦门市政府提出建设厦门海湾型城市的发展战略，岛外发展上升为主导，城市进入农村，使村民被动地转化为城市居民。

"跨岛发展"建设，其意义在于平衡岛内外发展。2009 年厦门岛内外一体化概念被提出，2010 年厦门市启动"岛内外一体化"战略，将城市建设的重点项目，由岛内转向岛外进行规划建设，实现城乡统筹发展的战略，扩展岛外集美、翔安、同安、海沧四大新城区的建设，把岛内外城市和村镇纳入经济社会发展体系，改变传统的城乡建设差距。

岛外村镇分为开发成熟地区、建设扩展区及生态协调区。[①] 目前，发展体现出几个特征：农村数量多但规模普遍相对较小，基础设施建设不足，城市化进程中岛外农村工业化衍生剩余劳动力，村民缺乏技术与市场经验，市场经济中尚处被动地位等。

（一）基础设施建设的跨岛布局

厦门市岛内外一体化过程中的岛外四区启动了新城建设和小城镇建设，以及多项重要的基础设施建设。但岛外农村地区的基础设施仍相对落后，公共服务建设质量低，与城区落差较大，是厦门跨岛发展需处理的问题。

2002 年以前，厦门仅有厦门大桥和海沧大桥两个进出岛通道，"跨岛发展"的战略被提出后，进出岛跨海通道是"跨岛发展"重要的设施。2005年，中国第一条大断面海底隧道的翔安隧道正式开工，2008 年之后，新建成集美大桥、杏林大桥与翔安隧道三条跨岛通道，2017 年加快建设第二西通道、同翔大道等重要通道，厦门市中心城区与岛外城区紧密相连，厦门从"海岛型"城市向"海湾型"城市转变，岛内外一体化交通基础设施网络基本成形。[②]

贯穿岛内外的交通枢纽工程进一步推开、重大公共建设及产业发展项目纷纷落户岛外，加上港口的搬迁改造[③]及在建的厦门翔安新机场，构建出一个翔安航空城，促进岛外的发展，岛内外看得见的变化正是厦门"跨岛发展"的成果。

---

① 包括同安的五显镇、汀溪镇和莲花镇，海沧东孚镇，集美灌口镇和后溪镇，翔安新圩镇和内厝镇各一部分。

② 厦门市统计局：《跨岛发展厦门经济社会发展成就辉煌——改革开放 40 年福建发展成就系列分析之十五》，福建省统计局，2018 年 9 月 10 日。参见 http://tjj.fujian.gov.cn/ztzl/ggkf40/201809/t20180910_ 4512003. htm。

③ 远洋集装箱和散杂货运功能转移到海沧、刘五店、招银港区，大宗散货运功能转移到后石港区，东渡港区仍保留 300 万标箱能力，同时可靠泊近洋航线。参见 http://www.nbd.com.cn/articles/2018 - 05 - 15/1217385.html。

（二）岛外农村工业化转移剩余劳动力

在 2014 年 3 月出台的《"美丽厦门"战略规划》中明确指出，今后岛内不再发展工业，由于"村改居"涉及的农民多，村民要失去世代耕作的土地，衍生失地农民的剩余劳动力，影响着农村居民收入，也影响着厦门市城乡一体化发展的进行。

厦门逐步调整产业发展定位和布局，岛内原有的工业开始根据不同的功能定位转变，大量工厂外迁，逐渐在岛外建立了许多商业投资区①，大量的农业人口转变为非农业人口，失地农民剩余劳动力转移为工业劳动力后，农民生活水平明显改善，逐步缩短与周边中心城市的差距，促进岛内外一体化发展。

厦门岛内的农村及岛外的农村发展迅速，产业结构和经济模式已高度非农业化，呈现城市的新农业经济形态，完成产业结构由农业转向非农产业，但人口与产业的空间场域转移并不完全，多数居民仍然保持旧的农村户籍以及土地及行政管理体制，导致公共服务建设质量低等城市发展问题。

（三）发展现代农业

随着厦门工业化、城镇化的推进，农业在厦门的地位和作用呈递减的趋势。农业结构的变化，农村第三产业逐渐发展为现代农业，形成了以工业和服务业为主体的农村经济，以及工业、服务业支持农业的新农村经济模式。

在《"美丽厦门"战略规划》的指导下，厦门正重点推进都市现代农业、休闲农业与乡村旅游、农村发展用地项目、特色小镇等产业项目，为切实推动厦门市都市现代农业发展，制定了《厦门市现代农业产业园创建实施方案》，催生厦门第一个市级现代农业产业园花落同安区。

在城乡一体化发展中，厦门市积极推进工业集中建设、将剩余劳动力转

---

① 如海沧台商投资区、集美台商投资区、厦门出口加工区、同安工业集中区、火炬（翔安）产业园和翔安工业园区等。

移和坚持城乡统筹协调发展的实践措施。在厦门农业发展新阶段（即都市现代农业），发展现代农村、明确新型农民的定位和特色，以及培育新型职业农民是不可缺少的重要方面。

四 厦门城市发展

"厦门区域创新体系建设研究报告"指出，加快推进海湾型城市建设，是从厦门特殊的城市空间形态和区域经济发展方向考虑，实现产业布局的调整、经济结构的优化和经济数量的扩张。

1999 年厦门市撤县设区，岛外三区（同安、集美、杏林）加快了城市化的速度。为推进海湾型城市建设及平衡各区发展，2002 年厦门提出"跨岛发展"的战略，2003 年 6 月报送的厦门行政区划调整方案，由原来的 7 个区调整为 6 个区，厦门本岛只设思明区和湖里区，撤除开元区和鼓浪屿区。厦门的东西部设集美区、同安区，撤除杏林区，增设海沧区和翔安区。厦门市的城市规划，将全市功能空间重新布局，明确各区域主导模式及其具有的优势发展机能。

（一）多规合一①

目前国内的城市规划部门，为了提升空间治理的效率与能力，强化空间格局，各地开始进行"多规合一"和空间规划体系法令的相关改革。"多规合一"是在中国城镇化发展到一定阶段，基于城市发展模式在面临环境、土地、社会、产业等多重困境下提出的。

厦门市"多规合一"以《"美丽厦门"战略规划》为引领，消除规划矛盾，形成无缝对接。但厦门"多规合一"工作的根本目的并不在于争取更多用地指标，而是用以检视城乡存量与平衡发展用地，统筹和设定指标的

---

① 所谓"多规合一"，是将国民经济和社会发展规划、城乡规划、土地利用规划、生态环境保护规划等多个规划融合到一个区域上，实现一个市县一本规划、一张蓝图，解决现有各类规划自成体系、内容冲突、缺乏衔接等问题。

规划方法和政策设计。城市单元层面则通过"多规合一"工作，向上承接各部门的上位规划，向下统筹各专项规划，以期解决规划部门之间权责的矛盾。

厦门将"多规合一"作为全面深化改革的基础平台，延伸应用到城市管理的更多领域，逐渐让城市治理能力和治理体系走向现代化，是厦门市的全新使命。然而该成果也在 2014 年让厦门市成为全国"多规合一"28 个试点市区县，也是试点城市中唯一的大城市。

（二）加强对台合作

厦门区域仍是台商投资最集中的区域，也是对台工作的前沿区域，岛内外一体化建设无疑将起到有力的推动作用。2012 年国务院批复《厦门市深化两岸交流合作综合配套改革试验总体方案》，提出支持厦门建设国际航运中心。厦门海沧台商投资区是全国设立最早、面积最大的台商投资区，具有得天独厚的港口和政策优势，也吸引了许多台湾企业来海沧落户办厂。厦门海沧最大的企业是台企，最多的商人是台商。因此，除在文化、宗亲等方面开展丰富热络的交流外，2014 年《"美丽厦门"战略规划（草案）》中，在对台层面，围绕建设两岸交流的窗口城市，将把厦门建设为"厦金特区"、创建"厦门湾"对台合作新区，为两岸交流合作提供实现的样板。其他如集美台商投资开发区、杏林台商投资开发区，让厦门成为对台交流合作的最佳平台。

（三）厦门湾区的发展

厦门湾是位于厦门市与漳州市管辖的龙海市之间的海湾，是九龙江的出海口及大陆主要的对台口岸。2002 年厦门市建设海湾型城市，厦门开启了湾区发展，与厦门港的发展联系在一起，已初步形成了海湾型经济和社会的联动关系。政府明确厦门为"21 世纪海上丝绸之路的核心区和战略支点城市"，要求加强沿海城市港口建设，强化国际枢纽机场功能，厦门"海丝战略港"的地位被凸显。

1980年，厦门经济特区"因台而设"，在随后的30年里厦门特区共经历了三次"扩区"，1984年从湖里加工区扩大到全岛。1989～1992年，国务院批准厦门在岛外成立海沧、杏林、集美3个台商投资区，享受特区的经济政策。2010年，国务院批复厦门经济特区范围扩大到厦门全市，将岛外的集美、海沧、同安、翔安等四区一并纳入特区范围，作为"海峡西岸经济区"龙头的厦门，宣布将建立"两岸区域性金融服务中心"。厦门几大湾区的发展，无一不是朝着"产城融合"的路径在前行。厦门湾、马銮湾、杏林湾、环东海域现代服务业基地等均在各大湾区落地，并已经或正在成为湾区经济发展的引擎。厦门湾更筑起了国内第一个离岸式生态型人工岛"双鱼岛"①。

厦门作为中国国际航运中心之一，已被中国确定为国际性综合交通枢纽和"海上丝绸之路"战略支点城市。"一带一路"加上金砖峰会，构造出一条向东南连接中国台湾及东南亚地区、向西横跨欧亚大陆的国家物流新通道。在湾区经济特点上，厦门湾区最大特色是邮轮产业与会展经济。厦门拥有中国四大邮轮母港之一，是全国第一个以邮轮为载体开创"一带一路"的国际级文化推广的城市。交通、港口、机场和流域充分整合的区域协作大海湾战略、"一岛一带多中心"战略，使厦门从海岛城市向海湾城市的雏形、从农村城镇向生态型滨海城区转变。

五 结语

厦门拥有全国设立最早、面积最大的台商投资区，具有得天独厚的港口和政策优势，对台合作与交流是厦门地利之便，海西的发展将扩及厦金区域，持续发挥厦台交融的先机。

城市规划带动城市发展，城市规划跨部门整合的"多规合一"，为厦门

---

① "双鱼岛"位于漳州招商局经济技术开发区，是国务院批准的首例经营性用海项目。由招商局漳州开发区有限公司投资开发建设，预计到2024年，双鱼岛将完成全面开发。

创造了行政效率，"跨岛发展"解决岛内外发展不平衡、城乡二元结构突出等问题。基础设施建设的跨岛布局、工业区外移后的农村劳动力转换、现代农业解决农村剩余劳力，都是城市发展带来的改变，城市治理与政策相对重要，复批的项目成为城市吸纳外来人口、产业、经济的要素，厦门城市发展的张力迫不及待。

对于城中村改造则应采取因地制宜的方式进行，村民自发性发展的曾厝垵、政策引导改造下的蔡塘、以农民权益考虑的钟山村及岛外新城刘五店村，都交出漂亮的答卷，可以为未来城中村改造提供借鉴。

大厦门将崛起为世界级湾区，环东海厦门湾地区因其地理优势及土地规模脱颖而出，厦门的城市发展耀眼夺目，城市建设蓬勃，厦门将与其他世界湾区齐名。

B.7

深圳：智慧城市、城市更新与城市营销

柯春鹏　叶昌东　李健灵*

摘　要： 改革开放以来深圳城市发展经历了四个阶段：工业导向下的经济特区城市、市场经济驱动下的新型都市、环境质量优先的可持续城市、创新经济带动下的国际都市。空间格局由外延式扩张逐渐向内涵式增长转变。智慧城市、城市更新、城市营销成为推进深圳可持续发展的三大主题。在智慧城市方面，已初步搭建了包括智慧政务、智能社区、智能交通、智能医疗等多个领域的智慧支撑体系。在城市更新方面，采用了多种更新方式并举、政府引导、市场运作的更新模式，形成了法规、政策、技术标准和操作等各个层面的城市更新政策体系。在城市营销方面，以大运会、高交会和文博会等国际性大事件为平台，成功将城市形象从"世界工厂"转变为高科技创新型文明城市。

关键词： 深圳　城市更新　智慧城市　城市营销

---

* 柯春鹏，华南农业大学林学与风景园林学院硕士生，研究方向为城市更新、景观规划设计；叶昌东，中山大学理学博士，华南农业大学林学与风景园林学院副教授，研究方向为城市空间结构、城市更新、区域发展与城乡规划；李健灵，加州大学洛杉矶分校博士，得州大学阿灵顿分校教授，研究方向为城市交通、都市经济地理。致谢：本文得到国家自然科学基金资助（项目编号：41871156）。

一 深圳城市发展历程及阶段性特征

（一）深圳城市发展历程概述

改革开放以来深圳的城市发展取得了辉煌成就，由一个落后的边陲小渔村一跃发展成为初具规模的现代化国际性滨海城市。当前深圳已经是全国四大一线城市之一，是全国城市建设的典范。1980～2017 年深圳 GDP 由 2.7亿元增加到 2.2 万亿元，增长了 8000 多倍，形成了文化创意产业、高新技术产业、现代物流业、金融业四大支柱性产业的现代化产业结构。伴随着深圳社会经济的快速发展，城市空间结构经历了从点到线再到面的发展过程。20 世纪 80 年代改革开放之初集中在蛇口、南山等几个工业点，20 世纪 90年代逐渐形成沿海带状发展格局，进入 21 世纪进一步向宝安、龙岗拓展形成多中心网状结构，土地空间的利用方式逐渐由外延式的扩张转为内涵式的更新。回顾深圳发展的 40 年历史，大体可分为以下四个阶段：工业导向下的经济特区城市（1978～1992 年）的起步阶段；市场经济驱动下的新型都市（1992～2005 年）的成长阶段；环境质量优先的可持续城市（2005～2015 年）的转型阶段；创新经济带动下的国际都市（2015 年至今）的腾飞阶段。

（二）起步阶段：工业导向下的经济特区城市（1978～1992年）

改革开放初期，以发展工业为主，规划以经济特区为范围，城市空间产业结构据点式带状分布，呈一带三组团结构。

1979 年，中央设想将深圳发展成为以发展来料加工工业为主，规划用地 10.65 平方公里，以深圳镇、沙头角、蛇口三点布局的小型城市。① 深圳

---

① 张志斌、靳美娟：《城市规划与城市空间结构塑造——以深圳市为例》，《西北师大学报》（社会科学版）2003 年第 6 期。

临近香港，方便引入资金和材料设备，利用本地的廉价劳动力加工出口，拥有全国其他地区都不具备的有利条件。同年7月，蛇口工业区被批准建设，开始了深圳工业化进程。

1980年，深圳经济特区设立。深圳的第一个城市规划《深圳市城市建设总体规划》，将城市定位为"以工业为主、工农相结合的经济特区，建设成为新型的边境城市"，并且初次确定特区范围327.5平方公里，其中规划面积50平方公里，并将特区分为市区（包括罗湖、上步）、南头、蛇口、沙头角4个区。随后，1982年的《深圳社会经济发展规划大纲》提出深圳的工业以电子工业为主，产品主要面向国际市场，协调发展农牧业、商业、住宅、旅游业，并且将规划用地增加到98平方公里，城市总体采用带状形组团式分散布局，沿着海岸线用道路串联起南头组团、罗湖上步组团和沙头角组团三大组团。

1980~1984年四年间，特区经济平均每年以71.85%的增速飞速发展。为制定更加符合深圳发展的规划，1986年的《深圳经济特区城市总体规划（1986~2000年）》将深圳发展目标定位为"以工业为重的外向型、多功能、产业结构合理、科学技术先进、高度文明的综合性经济特区"。规划把原来一带三组团细分为五大组团（东部组团、罗湖上步组团、福田组团、沙河组团和南头组团），形成了多中心组团式布局结构，并确定2000年城区建设面积为123平方公里，总人口预计达到110万人。1986年版的深圳城市总体规划不仅有效指导了城市起步期的建设，而且多中心组团式布局结构在应对城市发展的不确定性上也更加有弹性；超前布局的意识为未来的福田城市中心预留了用地，并且建设超大体量基础设施，如深圳机场和深南大道，满足了未来的城市发展。

随着经济持续高速发展和人口不断增长，深圳城市建设用地已所剩无几且土地利用混乱，特区内外空间发展不平衡的问题也越发严重，土地空间的缺乏和产业的低效促使深圳亟须改变产业发展策略并重新进行定位。因此，1989年的《深圳市城市发展策略》提出建设对外贸易、金融、高科技比较发达的、贸工技结合的、外向型多功能的、基础设施完备的、具有创汇农业的、环境优美的国际化大都市。城市人口目标调整为 150 万人，城市用地规模扩大至 150 平方公里。为了进一步补充发展的所需用地，提出了全境开拓战略，将规划范围扩大到全市；以经济特区为中心逐步向外开拓，形成三个圈层，安置不同类型的产业。

在深圳发展初期，以发展"三来一补"工业为主的发展策略使得深圳获得高速持续的发展，产业布局呈现了从"工—农"到三圈层"贸—工—农"的转变，低效的产业逐渐向特区外驻扎。此阶段的工业发展为进一步城市化积累了资本，全局开拓的策略也为解决人口、土地空间和产业问题提供新的途径。

（三）成长阶段：市场经济驱动下的新型都市（1992～2005年）

随着 1992 年春邓小平视察南方，发表了特区姓"社"不姓"资"和"社会主义也可发展市场经济"的重要讲话，市场经济带动深圳再次加速。为响应 1989 年《深圳市城市发展策略》的全局开拓战略，《深圳市城市总体规划（1996～2010 年）》将规划范围拓展到全市，以国际性现代大城市的标准来定位发展，确定了发展以高新技术为先导，先进工业为基础，第三产业为支柱，工业、金融、贸易、信息、运输、旅游高度发展，文化高度繁荣，经济效益和生活质量较高的现代化国际性城市。总体空间结构方面，确定了"一核、三轴、三圈层、三中心、九大组团"的布局结构，建立起呈"W"字形城市规划框架。"一核"是深圳经济特区；"三轴"是深圳通向广州、东莞、惠州的东中西 3 条交通、经济发展轴；"三圈层"即深圳特区、特区外围和与东莞、惠州毗邻的地区；"三中心"指特区内城市中心，分别是上步中心（包括福田、罗湖），东部中心（沙头角、盐田和梅沙地区）及西部中心（南山）；九大组团包括三个中心组团（即三中心），外加西部工业组团、宝安中心组团、中部组团、横岗组团、龙岗中心组团和东部工业组团等 6 个外围组团。[①] 用地规模方面，确定 2000 年全市城市建设用地 380 平

---

① 黄玲：《深圳城市总体规划与发展战略变迁研究（上）》，《红广角》2016 年第 3 期。

方公里，2010年480平方公里。从福田中心开始，2000年全市最高限制人口为420万人，2010年最高限制人口为510万人。1996年的《深圳市城市总体规划（1996~2010年）》在空间布局、用地规模、生态环境等方面再次引导了城市合理有序发展。1997年香港回归，深圳迎来了更大的发展机遇，深港合作变得更加紧密，在各自发展中相互促进，深圳再次加速。

然而，多年超高速发展带来的问题引起深圳市政府的反思，2001年出台的《深圳市总体规划检讨（2001~2006年）》针对深圳外部发展环境与机遇、自身发展趋势与制约等因素，从产业布局、城市空间拓展与重构、推进城市化、生态保护、区域合作等方面提出了未来5~10年的建设策略。确定了引导城市产业的合理布局与重组、促进城市发展空间的战略拓展与重构、以卫星新城建设带动特区外城市化质量的提高、将城市建设作为推动经济增长的"发动机"、实施保护生态和美化环境为主导的绿色战略、建立应对机动化趋势的交通体系、加强区域合作，以及塑造独具特色的城市景观和城市文化共8条城市发展策略。

（四）转型阶段：环境质量优先的可持续城市（2005~2015年）

在《深圳市总体规划检讨（2001~2006年）》之后，2005年深圳市委市政府公开承认深圳面临土地空间有限、水资源和能源短缺、人口不堪重负、环境承载力严重透支等"四个难以为继"，促使城市发展全面转型。同年11月，《深圳市基本生态控制线管理规定》正式颁布实施，通过划定基本生态控制线，深圳将全市近一半的土地规划为生态保护用地，深圳基本生态控制线先于国家"限建区""禁建区"等"四区"管理要求而提出并实施，规划手段实现了从"规划引导"转向"规划约束"。[1] 同年，深圳明确文化产业成为继高新技术、金融和物流之后的第四大支柱产业，低效的工业不再是深圳的主导型产业，逐渐转型发展更加低碳、绿色的高新技术和文化产业。

---

① 邹兵：《由"增量扩张"转向"存量优化"——深圳市城市总体规划转型的动因与路径》，《规划师》2013年第5期。

2010 年，《深圳市城市总体规划（2010～2020 年）》将经济特区范围延伸到龙岗、宝安，设定了三级城市中心体系，包括前海中心和福田－罗湖中心两个市级中心，以及 5 个城市副中心和 8 个组团中心，并将前海地区规划为深圳一个新的城市中心。规划到 2020 年，全市城市用地规模控制在 890 平方公里以内，人口控制则考虑城市生态环境的承载力，将城市常住人口的规模控制在 1100 万人以内；并从区域协作、经济转型、社会和谐、生态保护四个方面构建了服务城市转型的分目标指标体系，用于规划评估和监测；探索了非用地扩张型的转型规划，提出"增量扩张"转向"存量优化"，首次提出将城市更新作为建设用地的主要供给方式，为深圳城市的可持续发展指明了方向和路径，处理城市发展问题的方式也从被动适应过渡到主动控制。

此阶段开始注重生态环境对城市发展的作用，产业转型为低碳、高效的高新技术和文化产业，用地获取方式由"增量扩张"转型为"存量优化"，促进了城市的健康发展。

（五）腾飞阶段：创新经济带动下的国际都市（2015年至今）

改革创新对经济发展提质增效起到十分重要的作用，为了引领深圳进一步的发展，深汕特别合作区、前海深港现代服务业合作区、前海自贸区、国家可持续发展议程创新示范区、粤港澳大湾区等许多新的概念不断涌现。

"飞地"形式的深汕特别合作区于 2011 年正式提出，不再局限于市内的土地发展。深汕特别合作区提出的前几年并无大进展，直到《深汕（尾）特别合作区发展总体规划（2015～2030 年）》的出台推进了基础设施的逐步完善，从而引入更多的社会资源，合作区的发展才逐步走向正轨。2015 年《广东深汕特别合作区管理服务规定》的通过，意味着深汕特别合作区的法律地位正式确立，履行职能从行政授权转化为法律授权，行使地级市管理权限从此有了法律依据。[①]

---

① 陈晓薇：《深汕特别合作区有了"基本法"》，《深圳商报》2015 年 7 月 27 日，http：//sz. people. com. cn/n/2015/0727/c202846 - 25729445. html，2018 年 12 月 21 日。

创新带动的深圳自由贸易试验区前海蛇口片区已经成为我国发展最快、效益最好的区域。2010 年的《前海深港现代服务业合作区总体发展规划》明确把前海建设成为粤港现代服务业创新合作示范区。2015 年中国（广东）自由贸易试验区前海蛇口片区正式挂牌启动，一直作为发展备用地的前海终于获得新生。截至 2018 年 4 月，该片区已累计注册企业 16.86 万家，平均每天新增 88 家。其中，世界 500 强投资设立企业 335 家，片区注册资金 10 亿元以上的企业 1047 家，实缴资本 100 亿元以上的企业 5 家，2017 年纳税过千万元的企业达 549 家。[①] 深圳作为再次推进改革开放的实验田，再次起到引领示范的作用。

2016 年启动编制的《深圳市城市总体规划（2016～2035 年）》，将遵循"推进精明增长，引导城市转型"的基本思路，通过创新实现区域、生态、创新、空间、治理五方面转型。[②] 2018 年 2 月，国务院批示深圳以可持续发展为主题，建设国家可持续发展议程创新示范区。重点针对资源环境承载力和社会治理支撑力相对不足等问题，通过统筹各类创新资源，深化体制机制改革，探索适用技术路线和系统解决方案，形成可操作、可复制、可推广的有效模式，对超大型城市可持续发展发挥示范效应，为落实 2030 年可持续发展议程提供实践经验。

粤港澳大湾区的提出推进珠三角地区协同发展。粤港澳大湾区是继美国纽约湾区和旧金山湾区、日本东京湾区之后的世界第四大湾区。以香港、澳门、广州、深圳为中心联合佛山、肇庆、东莞、惠州、珠海、中山、江门等城市共同引领粤港澳大湾区建设。2017 年 7 月 1 日，《深化粤港澳合作，推进大湾区建设框架协议》在香港签署，努力将粤港澳大湾区建设成为更具活力的经济区，宜居、宜业、宜游的优质生活圈，以及内地与港澳深度合作的示范区，携手打造国际一流湾区和世界级城市群。[③]

---

① 《前海深港现代服务业合作区总体发展规划》，http://wenku.baidu.com/view/45de906d964bcf84b8d57b0d.html，2018 年 12 月 21 日。

② 《深圳市新一版城市总体规划（2016～2035 年）编制启动》，http://baijiahao.baidu.com/s?id=1582826893997203682&wfr=spider&for=pc，2018 年 12 月 21 日。

③ 蔡赤萌：《粤港澳大湾区城市群建设的战略意义和现实挑战》，《广东社会科学》2017 年第 4 期。

（六）小结

深圳城市发展经历了以工业发展为主的起步期、市场经济导向的成长期、注重生态的转型期和创新引领的腾飞期。起步期以"三来一补"工业发展为主，搭建一带多组团的空间布局结构，为城市发展奠定了基础。而在成长期中，市场经济快速发展和人口增长导致土地资源供不应求，促使深圳实行全局扩张战略。粗犷低效的发展方式，导致生态环境遭到破坏。深圳经济发展开始注重生态环境，产业开始转型，空间获取方式也由"增量"转为"存量"。深圳开始走向可持续发展的道路，更加健康地发展。而前海自贸区和深汕合作区等新概念的提出，将引领深圳继续腾飞，使其发展成国际性领先的大都市，成为粤港澳大湾区的支柱城市。

二 深圳智慧城市建设

（一）智慧城市简介

2008 年金融危机之后，为寻求新的经济增长点，IBM 提出"智慧的地球"的概念，而"智慧城市"是其衍生出来的子概念。"智慧城市"指的是通过互联网、云计算等科技手段提高数据感知收集和统计分析处理的能力，使城市万物形成互联互通的状态。为支持城市国际化发展和产业转型，深圳提出建设智慧城市的设想，通过创新城市管理方式和产业发展模式，加快幸福深圳的建设。良好的基础助力深圳智慧城市迅速发展。首先，深圳经济实力雄厚，GDP 和经济增速皆位居全国前列。其次，深圳电子信息产业发达和信息化水平高。深圳是全国电子信息产业重镇，拥有华为、腾讯、中兴等高科技电子互联网企业。最后，政府积极主导智慧城市建设，做好顶层设计，陆续出台《智慧深圳规划纲要（2011～2020 年）》《智慧深圳建设实施方案（2013～2015 年）》等一系列指导性文件。

（二）深圳智慧城市建设历程

深圳智慧城市建设从无到有、从局部应用到体系化顶层设计，逐步构建了从支撑、平台、保障到应用的新型智慧城市一体化建设格局，回顾其建设历程大致可分为萌芽期、探索期和成熟期三个时期。

1. 萌芽期

2010 年，为顺应国际科技、经济、社会发展形势和先进城市发展潮流，深圳市首次提出"智慧深圳"理念。2011 年《深圳市国民经济和社会发展"十二五"规划》从信息基础设施、信息化应用、工业信息化、信息安全四方面入手先行对智慧深圳进行探索。

2. 探索期

2012 年《智慧深圳规划纲要（2011～2020 年）》为转变城市管理模式、优化管理制度、构建智慧产业发展环境、促进民生服务，抓住信息化的潮流，占领了智慧城市建设的制高点，明确了优化管理机制、建立公共平台、设立行业标准、推动业态创新等四项主要任务，实施全覆盖感知网络、高速融合网络、公共服务支撑平台、"深圳云"、信息安全、技术攻关、产业培育、标准化、智慧应用、重点项目先行等十大工程。同年，坪山新区被列为首批国家智慧城市试点地区。2013 年《智慧深圳建设实施方案（2013～2015 年）》从改善城市信息通信基础设施、构建电子公共支撑体系、提高城市运营管理智慧水平三方面出发，布局了各个领域的信息化建设。为解决信息孤岛和重复建设这两个问题，2014 年深圳市编制的全国首部《智慧城市系列标准》正式发布，涵盖了 25 个专项标准，覆盖智慧城市顶层设计、医疗卫生、节能规划、管网规划等领域。[1]

3. 成熟期

2018 年《深圳市新型智慧城市建设总体方案》的发布，明确了智慧深圳的方向和任务，提出支撑、平台、保障到应用的总体框架。以"一盘棋"

---

① 邓薇：《〈智慧城市系列标准〉助力"智慧深圳"建设》，《卫星应用》2015 年第 9 期。

"一体化"为建设原则，实现"六个一"发展目标，即"一图全面感知、一号走遍深圳、一键可知全局、一体运行联动、一站创新创业、一屏智享生活"，建成国家新型智慧城市标杆市，达到世界一流水平。

（三）深圳智慧城市建设成果

经过多年的实施推进，深圳智慧城市体系建设已卓有成效，逐渐向国家新型智慧城市标杆市靠近。在中国社科院信息化研究中心最新发布的《第八届（2018）中国智慧城市发展水平评估报告》中，深圳智慧城市发展水平高达76.3分，位居全国第一。

智慧支撑体系和智慧中心平台建设逐步完成，网络基础设施基本建设完备，智慧中心平台已投入使用。"智慧"已渗透到公共服务、公共安全、城市治理、智慧产业各个领域，而在公共服务领域的进展最为明显，包括智慧政务、智慧社区、智慧交通、智慧医疗等，其中智慧政务建设最为突出。

1. 智慧支撑体系建设

随着信息感知、信息传输、信息储存处理设施的完善，深圳智慧支撑体系已建设完备。截至2017年底，全市光纤入户率达到99.98%，全市重要公益性公共场所免费网络覆盖率达到99%，基本实现了百兆到户、千兆到企、百米光介入的目标，并加快5G的部署和量子通信研究。物联网方面，全市基本建成了覆盖全市的NB-IOT网络，为智能水表、智慧燃气、自动抄表等物联网应用提供了有力的支撑。同时，云计算的建设也不断推进，2010年建成国家超级计算深圳中心（深圳云计算中心），运算速度最快可达1271万亿次运算/秒，基本可以满足全市单位、企业对超级计算资源的需求。

2. 智慧中心平台建设

智慧中心平台是智慧深圳的大脑，是建设智慧城市的重中之重。深圳已建成空间基础信息平台、公共信息资源库和"运营管理中心"等多中心平台。

深圳市空间基础信息平台于2011年开放使用，建立了遥感影像数据库、公共设施数据库以及城市规划专题数据库等多个数据库，为城市规划、国土管理、环境保护、人口管理、工商管理、公共交通、物流等领域提供了信息支撑。

2017年9月，国内首个新型智慧城市"运营管理中心""可视化集成平台"在深圳上线。该平台可实现对城市各领域运行状态的全面感知、态势预测、险情预警以及跨部门业务协同调度，提高城市高效精准管理的水平，推动城市运行管理模式从被动式向主动式转型。

深圳公共信息资源库是全市统一数据共享平台。截至2018年，收集的数据总量达到137亿条，包括了约1823万人、288万个法人、82万栋楼宇、1330万间房屋的公共基础信息。

深圳全市统一的政务信息资源共享平台接入了61个市级单位，建立资源目录共5200多类，信息指标项达16万多个，实现了政务资源共享，使多部门得以协同办公，有效缓解了市民办事需要重复递交材料的问题。

3. 智慧政务

为提高办事效率便利民众，深圳创新政务完善网上办事，让信息多跑路，市民少跑腿。深圳各个地区积极创新，为建设智慧政务给出各自的方案。

深圳市宝安区推出"宝安通"App，通过手机即可办理就医、上学、就业创业、文体服务、网上办事、企业服务、电子商务等多个政府服务事项。通过App，中小学入学申请实现网上一次申报，公安、工商、计生、国土、劳动保障、出租屋等事务由各部门协同审核，以前需要5天跑部门办理，现在只需要2天线上审批即可。

龙岗区实施一窗受理改革，窗口数量从92个压缩至59个，即办率提高29%，办理等候时间缩短50%。

福田区政务自助服务平台通过刷身份证即可申请办理涵盖34个部门的1488项行政审批业务，还可以通过平台终端自助查询并打印个人参保证明、五险一金缴纳明细、无房产证明、完税证明和发票真伪查验等16项公共服务。在福田区试点安置的"多功能警务自助服务平台"整合了出入境、户政、交管等多种自助办证设备，市民可在一台设备上自助办理身份证换证申请、出入境电子港澳通行证续签、车辆违章处理等业务。

4. 智慧社区

2015 年，深圳市住建局打造的"深圳市物业管理"微信公众号将小区信息公开和实时推送、维修金账户实时查询、业主投票、业主自行管理维修金四大功能集合在一起，住户可以及时查收小区公告和线上参与小区事务决策等。该微信公众号平台在福田区天然居小区展开试运行并获得良好的反馈，并打算在运营成熟之后向全市推广。

5. 智慧交通

智慧交通的应用有效地解决了城市交通拥堵、交通安全等方面的问题。2018 年，深圳市交警局启动"深圳智慧交通一期"工程，联合多家前沿顶尖企业，打造深圳"智慧交通"城市大脑。通过新建 1002 套高清视频监控、301 套卡口车牌识别单元等交通感知识别设施建立智慧交通系统，交通得以更加高效安全。2018 年，深圳交委与深圳巴士集团和滴滴公司三者合作，共同搭建全市开放性的综合交通大数据平台"一站式出行平台"，提供最优交通方案，解决市民"等车难""行车堵""停车难"的问题。无独有偶，深圳"宜停车"App 实施路内停车智能化管理，提高路内停车位的利用效率和对违法停车的执法效率，目前注册用户接近 200 万人，日均使用量超过 2 万人次。

6. 智慧医疗

智慧医疗应用优化了看病过程，提高了治疗效率。在看病前，医护人员借助 4G 网络服务，通过 HIS 系统将病人病历、病史以及监测的信息进行数字化存储，降低了数据录入成本。看病中，医生用专用 APN 查看患者信息，实现移动巡房服务，以便更快进行诊断。医生诊断后，护士通过扫描二维码，查看处方信息、检验结果，并直接用 4G 终端开药。回家后，病人可与医生进行高清视频问诊，并由医生即时更新病人信息，以减少医疗差错。①

---

① 贺小花：《广东智慧城市群正在崛起》，《中国公共安全》2015 年第 11 期。

（四）小结

深圳建设智慧城市拥有良好的基础，经过多年的实施推进，深圳智慧城市的体系建设已卓有成效，逐渐成为国家新型智慧城市标杆市。深圳智慧城市建设经历了从无到有、从注重应用到注重体系化布局，逐步构建了从支撑、平台、保障到应用的新型智慧城市一体化建设格局。信息基础设施建设基本完备，多个智能中心平台搭建完成并投入使用。以人为本的"智慧＋"城市建设模式有利于推进各个领域的智慧化，提高生产效率，为市民提供便利，加速建成幸福深圳。

三 深圳城市更新

（一）城市更新

城市更新是指对特定城市建成区（包括旧工业区、旧商业区、旧住宅区、城中村及旧屋村等）内具有以下情形之一的区域，根据城市规划按相关程序进行综合整治、功能改变或者拆除重建的活动。①

（1）城市的基础设施、公共服务设施亟须完善；

（2）环境恶劣或者存在重大安全隐患；

（3）现有土地用途、建筑物使用功能或者资源、能源利用明显不符合社会经济发展要求，影响城市规划实施；

（4）依法或者经市政府批准应当进行城市更新的其他情形。

（二）深圳城市更新发展进程

改革开放以来，深圳经济飞速增长，同时迅速地消耗了建设用地。深圳全市总面积 1996 平方公里，其中一半是生态保护用地，而建设用地只有

---

① 深圳市人民政府：《深圳市城市更新办法》，2016。

890 平方公里。2004 年，深圳的城市建设用地总量已达到 660 余平方公里，消耗可建设用地的 3/4。为获取土地资源，改善城市容貌，2004 年深圳市成立城中村改造工作办公室，拉开了深圳全面推进城中村改造的序幕。2009 年，广东省出台《关于推进"三旧"改造促进节约集约用地的若干意见》，提出"三旧"改造用地出让、完善历史用地手续等相关政策，促进节约集约试点示范省建设。深圳作为"三旧"改造试点示范城市，出台了《深圳市城市更新办法》（2009 年 12 月实施，2016 年修改），首次提出"城市更新"概念，并将更新模式分为拆除重建、功能改变、综合整治三类，通过城市更新的途径促进土地集约节约发展，完善城市功能，提升人居环境，推动产业升级。

2010 年，《深圳市城市更新专项规划（2010～2015 年）》创造性地提出实行编制城市更新单元规划，以科学指导城市更新项目。2012 年出台的《深圳市城市更新办法实施细则》进一步明确市区职能分工、运作流程及操作规范，逐渐完善了囊括法规、政策、技术标准、操作指引等多个层面的城市更新体系。

为了解决城市更新项目立项后难以落地的问题，2016 年市政府改革实施强区放权政策，首先在罗湖区试点启动并获得成功。罗湖区城市更新实施率由 2015 年的 29% 提升至 2016 年的 36%，实现了大幅度的提升。罗湖区试点成功之后逐渐将强区放权政策扩张至其他区域。①

（三）深圳城市更新模式

深圳城市更新的模式包括综合整治、功能改变和拆除重建三种类型。综合整治类城市更新是指通过改善消防设施、改善基础设施和公共服务设施、改善沿街立面、环境整治和既有建筑节能改造等方式实施城市更新。这一方式主要针对建筑质量较好、建设年代较新的城市建成区，以及具有历史文化

---

① 唐俊：《"强区放权"后深圳城市更新的政策及发展建议》，《深圳信息职业技术学院学报》2017 年第 3 期。

特色的区域。功能改变类城市更新是指改变部分或者全部建筑物使用功能，但不改变土地使用权和使用期限，保留建筑物的原主体结构的城市更新。拆除重建类城市更新是指通过综合整治、功能改变等方式难以有效改善或者消除的，可以通过拆除重建方式实施城市更新。

（四）深圳城市更新的特点

一是政府引导、市场运作。在城市更新中，政府的角色是指引与服务，而市场则充分发挥它在资源配置中的作用。市场运作的方式主要有三种，原权利人自行实施城市更新或市场主体单独实施城市更新，或者两者合作实施。

二是尊重原权利人。深圳城市更新注重保障原权利人的合法权益和意愿。在项目申报的阶段要求 2/3 的原权利人同意进行改造才能立项，立项后在实施层面要求所有权利人和开发企业达成一致后方可实施。

三是三方利益共享。城市更新完成之后，原权利人、市场主体和政府都获得收益。原权利人通过拆迁获得补偿，市场主体通过项目运营获取利润，而市政府在《深圳市城市更新办法》提出的"土地贡献率"，为社会增添城市基础设施、公共服务设施和保障性住房。

（五）深圳城市更新的案例

1. 城中村改造——大冲村旧改项目

大冲村旧改项目位于深圳南山区高新技术产业园中区的东部，占地面积68.4 万平方米，涉及 931 户原村民、280 多户小产权业主，约 7 万多租住人口需要搬迁，总投资约 300 亿元，是目前深圳市规模最大的城中村改造项目。[1]

1998 年大冲村因脏乱差而被深圳市政府列入首次旧改规划。2008 年，

---

[1] 欧国良：《深圳市城市更新典型模式及评价——以城中村拆除重建类型为例》，《中国房地产》2017 年第 3 期。

在签约转移土地使用权的过程中，大冲村村民签约率达到98.9%，但仍有10户村民拒不签约，于是通过股东代表以举手表决的方式决定采取司法强拆措施，依法解决10户村民拒绝签约的问题。

更新之后各方皆有受益。村集体方面，280万平方米的总建筑面积中有114万平方米回迁给大冲股份公司及原村民，回迁位置由大冲股份公司优先选择。市场主体方面，获得了国际标准甲级写字楼群和超大型购物中心等约160万平方米建筑量的物业。公共利益方面，通过改造有效完善了高新区配套功能。项目改造后新增1座小学、2所幼儿园、1个变电站、2个垃圾转运站和2万个停车位等城市基础设施。同时，还将提供1000套保障性住房，有效解决高新区人才引进中的住房难题。而场地中原有郑氏宗祠、大王古庙、大冲石、水塘及五棵老榕树等历史文物在项目建设中也被保存下来，使旧村历史文脉得到延续。

2. 城中村+旧工业区改造——天安云谷

天安云谷项目位于坂田街道岗头社区，属坂雪岗科技城片区，改造前主要为岗头村及旧工业区，以五金、塑胶等劳动密集型传统产业为主，与周边华为等高新技术产业的现代化形象形成巨大反差。2010年底启动项目改造更新，并被列为市"十二五"规划重大项目及特区一体化建设、产业转型升级"率先启动示范项目"。

改造项目拆除用地面积约59.6万平方米，其中开发建设用地面积约45.5万平方米。项目投资300亿元，通过城市更新打造为以云计算产业、互联网产业、物联网产业、新一代信息技术产业研发设计为核心的自主创新研发基地。

产业升级之后，片区年产值将由原来的2亿~3亿元增长至超过800亿元（仅云谷一期）；税收将由原来的3000万元增长至超过50亿元（仅云谷一期）；村集体股份公司收入也将由原来的800万元增长至超过5000万元。此外，片区人口结构也将由原来的产业工人转型为高科技人才、高端白领。

3. 工业区改造——鸿华印染厂产业升级综合整治

鸿华印染厂位于大鹏葵涌街道，于1989年建成，原印染厂由19栋旧工业厂房构成，2003 年工厂倒闭之后被废弃闲置了将近十年时间。2013 年，为促进深圳市产业转型升级，拓展产业发展空间，鸿华印染厂产业升级综合整治项目被列入深圳市 5 个旧工业区综合整治试点项目之中，通过综合运用加建扩建、功能改变、局部拆建的方式进行复合更新，探索多元化的城市更新模式。

2014 年，鸿华印染厂产业升级综合整治项目被纳入旧工业区产业升级综合整治类城市更新计划，并率先完成规划审批。该项目规划围绕"功能激活、空间蜕变、环境升级"的总体思路，将创意文化产业与旅游业相结合，打造以生态、环保、低碳、绿色为理念的"艺象 ID TOWN 国际艺术旅游区"，为深圳、国内乃至国际的创意设计人才提供创意室、工作坊等创作平台。现已入驻的租户中超过一半的租户为创意文化工作者。

（六）小结

深圳作为城市更新的试点城市，积极探索城市更新的方法措施，并创造性地提出许多概念，出台了有关法规、政策、技术标准和操作等各个层面的政策，建立了一套完整的城市更新政策体系。综合整治、功能改变和拆除重建等多种更新类型并举的模式和城市更新单元规划的提出使城市更新更加科学合理；"土地贡献率"和保障性住房等条件的提出，使城市基础设施和公共服务设施用地得以有效落实。

四　深圳城市营销

（一）城市营销

城市营销最早由菲利普·科特勒的"国家营销"概念衍生而来。城市营销将城市视为一个企业，通过现代市场营销手段将城市的各种优质资源或服务兜售给潜在的客户。销售的对象包括城市文化氛围、贸易投资环境、人居环境等。通过城市营销，可以广泛吸引社会的可用资源，从而建立城市品牌，提高城市综合竞争力，来推动城市良性发展，满足市民的物质文化生活需求。

（二）深圳城市营销的变化历程

随着经济社会的发展，深圳的城市营销点也在不断转变，城市品牌和营销手段向多元化发展。1979 年凭借着特区的特别政策和地理优势，"世界工厂"深圳产生了极大的吸引力，不断涌入深圳的劳动力和来自香港的投资建厂迅速推进了工业化发展，加速了深圳的城市建设，也使其变成了名副其实的"移民之城"。1999 年深圳通过举办高交会，宣传了一大批高新技术企业，"高科技之城"成了深圳的新名片。2003 年深圳开始把文化产业列为城市的第四大支柱产业，并强力实施"文化立市"战略。2004 年深圳首次推出文博会，带动文化创意产业快速发展，并形成了具有深圳特色的公共文化服务体系，城市品牌内容逐渐丰富。[1] 2008 年深圳成为中国首个被联合国教科文组织授予"设计之都"称号的城市。2013 年，深圳被联合国教科文组织授予"全球全民阅读典范城市"称号，成为全国唯一获此殊荣的城市。

前海自贸区、粤港澳大湾区、前海深港现代服务业合作示范区等概念的提出，使深圳作为"创新之城"更加深入人心，通过科技创新和制度创新，实现了其国内外地位和形象的提升。随着改革开放再次推进，深圳作为创新之都、时尚之都、活力之都、文明之都等被世界所知。

（三）深圳城市营销的优秀案例

深圳通过举办博览会和运动会等活动将深圳推广到全世界，其中文博会、广交会和大运会影响力最大、影响范围最广。

首届文博会一炮打响，入选了 2004 年"全国十大文化事件"，各类观众达 47.7 万人次，累计合同成交额 31.36 亿元，意向成交额 325.5 亿元。截至 2017 年，历届文博会成交总额累计超过 1.7 万亿元，出口成交额累计

---

① 刘金祥：《构建以国际先进城市为基准的深圳文化品牌体系》，《中国名城》2016 年第 7 期。

超过1000亿元，参与总人数近1亿人次。①

2011年8月，深圳成功举办了第26届世界大学生夏季运动会。深圳大胆创新，将"办大运"与"办城市"相结合，"内聚人心、外树形象"，努力探索城市营销与大运会传播有机融合推进，用创新多元的公关策略，让世界的目光聚焦深圳。为营销深圳，政府部门借助中外媒体发声，在多方面进行了布局。首先，举办新闻发布会多达350多场，累计发放外宣品23万册，充分展示了深圳充满创新活力的城市魅力和开放包容的国际化城市形象。其次，策划了"外宾评深圳、说大运"专场发布会，邀请英国、美国等多国代表团团长、新闻官来评说他们眼中的深圳大运会。再次，精心设计了城市风情、改革开放、高新技术、金融服务、公共文化、创意设计等10条采访线共27个采访点，全面展示了深圳社会经济发展的新成果，接待了1600多名中外记者参加采访。最后，以CNN作为核心传播平台，在各国高频次播出，全程全球收视率覆盖17亿人次②，成功通过"办大运"达到了宣传城市的目的。

中国（深圳）国际高新技术成果交易会（以下简称"高交会"）是国务院批准、国家发改委、科技部等十余个部委与深圳市人民政府共同主办的每年一届的国际性大型科技展会。从首届高交会筹办开始，精心策划的活动成功塑造与展示了深圳城市乃至中国国家形象，主要的措施有以下几项。首先，通过设置super－SUPER论坛、"部长论坛"吸引海外重量级嘉宾的参与。其次，设置"高交会记者服务广场"，设置每一期的主题邀请嘉宾进行演讲，参与采访活动。最后，设高交会海外分会场，不但促成了多家中国企业与海外企业之间在高新技术方面的合作，更是借此载体向海外受众展示和传播了深圳城市品牌与中国国家形象。③

---

① 吕绍刚：《文博十年，讲述文化强国梦》，《人民日报》2014年。
② 张荣刚、罗忠政：《信息传播全球化背景下新兴城市营销体系的构建——深圳构建大外宣格局的创新实践与战略思考》，《对外传播》2013年第9期。
③ 张荣刚、罗忠政：《信息传播全球化背景下新兴城市营销体系的构建——深圳构建大外宣格局的创新实践与战略思考》，《对外传播》2013年第9期。

（四）深圳城市营销存在的主要问题和对策

2018 年中国城市影响力指数研究表明，深圳总指数排名第三，但是城市文化影响指数排名第 6（见表 1）。虽然深圳文化品牌建设力度大，获得不错的进展，但由于深圳建市历史短、文化底子差，初期过于注重经济的发展，以致忽略了城市文化的建设。文化品牌建设的乏力，在一定程度上制约旅游品牌的建设。

表 1   2018 年中国城市影响力指数整体情况

城市名称	总指数	排名	城市文化影响指数	排名	创新创业影响指数	排名	生活品质影响指数	排名	城市治理影响指数	排名	形象传播影响指数	排名
北京	0.828	1	0.887	1	0.761	1	0.648	1	0.856	1	0.989	1
上海	0.714	2	0.741	2	0.584	3	0.570	4	0.762	3	0.916	2
深圳	0.656	3	0.630	6	0.534	4	0.611	2	0.766	2	0.740	3
杭州	0.616	4	0.634	5	0.415	6	0.575	3	0.749	5	0.705	5
广州	0.608	5	0.623	7	0.430	5	0.533	5	0.743	6	0.714	4

在这个城市文化日趋同质化的时代，怎么构建深圳特色的文化品牌显得十分重要。首先，政府应该成为城市品牌的塑造者和推广者，做好城市定位，突出城市特色，形成差异化营销。其次，应积极利用互联网结合流行文化进行营销。在自媒体时代，每个人都是信息的生产者和传播者，城市形象的传播手段不再限制于传统的报纸和电视等。可利用当下流行的文化传播方式，比如短视频 App 和直播平台来宣传城市特色，而新型传播方式的对象大多是年轻人，有助于提升城市的活力。例如，重庆通过与短视频平台合作宣传城市获得巨大成功，有效宣传重庆特色美景美食，形成了"重庆魔幻山城"的旅游形象。

（五）小结

深圳最初作为"特区"被大家所知，"世界工厂"的称号带来经济大发展但是给人留下了脏乱差的印象。随后，深圳利用大事件进行城市品牌营销，高交会、文博会等给深圳树立了新的形象。而大运会的举办，进一步诠释了深圳"创新之城""阅读之城""设计之城""文明之城"的内涵。各大城市逐渐开始重视城市营销的价值，通过城市营销吸引人才、企业落户，促进城市的健康发展。随着互联网时代的到来，深圳作为创新之城，营销的方式应更加与时俱进，推进国际现代化城市建设。

五 深圳城市规划建设的经验与未来展望

深圳城市规划有效引领了城市发展，经过 40 年的时间从小渔村一跃成为国际性现代化滨海城市。回顾其发展历程发现深圳的城市发展也并非一帆风顺，新问题、新矛盾总会接踵而来，但是深圳总能通过创新转型突破困局，获得新生。在城市规划、智慧城市、城市更新、城市营销等方面积累了不少经验。

城市规划初期的点带空间布局和超大体量基础设施布局的超前意识很好地应对城市未来的问题。城市扩张过快时，深圳规划手段适时地由"适应性规划"转为"控制性规划"。通过划定"生态保护线"等措施实现了对生态环境的保护。用地需求逐渐增加，城市更新政策体系建设及实施补上了建设用地需求的缺口，多种城市更新模式的提出有效管理并推进更新项目，注重多方效益的更新创新的方式满足了各方的利益，将更有利于社会的健康发展。

随着互联网、物联网和 AI 智能技术的发展，智慧城市将会是城市发展的未来。深圳智慧城市建设凭借良好的基础，建成了包括支撑、平台、保障到应用的一体化新型智慧城市体系。完善的智能城市体系将是互联网时代城市可持续快速发展的关键。

深圳利用特区这张名片吸引了一大批人才，享足了人口红利，并与时俱进转型为高科技创新型文明城市，可以说城市营销效果显著。在互联网时代，城市竞争更加激烈，每个城市开始有意识地宣传城市，吸引人才投资。

深圳作为我国四大城市之一，本身具有巨大优势，应继续发扬勇为人先的创新精神，与时俱进，建设国际知名的现代化城市。

改革创新开放已是不可逆转的趋势，而深圳作为改革开放的领头羊，应勇往直前做好带头示范的作用。随着粤港澳大湾区、前海自贸区、深汕合作区的建设发展，深圳踏上一个更高的台阶。

B.8

三亚：热带海岛滨海旅游发展、城市
形象塑造与城市休闲区建设

余思奇[*]

摘　要： 三亚典型的热带海岛地貌与位于中国最南端的区位条件使之
成为热带海岛滨海旅游发展绝佳的样本。其岛屿性显著、资
源类丰富、文化性独特、生态性脆弱的资源特征是作为热带
海岛滨海旅游发展的基础。1988 年至今，三亚在城市定位上
始终将旅游放在首位，坚持建设国际性热带滨海风景旅游城
市的发展目标。通过山海廊道、门户节点、建筑色彩、绿化
景观、品牌营销等方面不断强化海岛特征的城市空间以塑造
城市形象，并注重通过山、海、河的修复维护海岛形象的可
持续性。为进一步利用滨海资源带动城市发展，三亚最早开
始建立城市度假休闲区，现已布局多处休闲区，呈现沿海岸
线的带状集聚，集主题性、文化性、生态性、景观性、休闲
性于一体，其中亚龙湾是典型休闲区的开发代表。

关键词： 热带　海岛　城市形象　休闲区

滨海地带是陆地生态系统与海洋生态系统的过渡区域，在海陆交互作用
下，形成了独具特色的景观风貌。滨海旅游产业最早出现在工业革命之后的

---

* 余思奇，南京大学建筑与城市规划学院城市规划博士研究生，研究方向为城市生态规划、城
市社会空间研究。

英国，在轮船可以到达的岛屿上率先发展起来。之后，随着人类对海洋探索的不断深入以及现代交通方式的进步与革新，海岛作为旅游目的地开始在世界范围内盛行。二战后，依托 3S（Sun，Sea，Sand）的环境优势和旅游资源，海岛旅游产业在地中海沿岸、夏威夷群岛、马来西亚群岛等热带和亚热带的滨海地区得到蓬勃发展，形成了一些世界著名的滨海度假胜地。

作为世界领土面积排名第三的国家，中国不仅拥有广阔的陆地疆土，而且是一个海洋大国。中国海岸线从北至南，蜿蜒曲折，合计 3.2 万公里；各类海岛数量多、分布广，且丰富多样。对于我国的旅游产业发展，最先起步的是大陆型产品的开发。然而，近十几年来，在居民消费水平不断升级、旅游发展从观光向休闲转变的需求刺激下，海岛滨海旅游资源得到大力开发、旅游产品不断拓展，以滨海旅游度假为主体的海岛旅游产品成为现阶段旅游市场的热点。[①]

据 2017 年最新全国普查结果显示，我国共有海岛 1.1 万余个，其中居民海岛 455 个。海岛及其周边海域旅游资源丰富，已发现自然景观 1082 处，人文景观 774 处。历史上，大部分的海岛居民以从事海洋捕捞与养殖为生。近年来，我国海洋渔业面临捕捞空间缩减、渔民增收困难、渔村经济发展受阻等诸多难题。因为旅游业在发展地方经济方面成效显著，海洋旅游业亦成为旅游资源丰富的国家和地区发展的首选。虽然我国的海岛旅游产业起步晚，但是迄今为止，已有部分海岛（如海南岛、浙江嵊泗岛、山东长岛等）形成初具规模与影响的旅游观光度假胜地。

三亚是热带海岛城市，地处海南岛最南端，位于北纬 18°、东经 108° 与 109° 之间，东西长 92 公里，南北宽 51 公里。全局北依高山，南临大海，地势自北向南逐渐倾斜。自 20 个世纪 90 年代以来，得益于旅游产业的发展，三亚城市经济实现了超常规、跨越式发展。进入 21 世纪以来，三亚更是凭借独一无二的滨海资源、国际性热带海岛的城市形象和著名滨海度假休闲区

---

① 郑耀星、林文鹏、储德平：《海岛型旅游地空间竞争与区域合作研究》，《旅游学刊》2008年第 12 期。

的打造成为国内首屈一指的度假胜地，享有"东方夏威夷"的美誉。三亚典型的热带海岛地貌与位于中国海南省最南端的区位条件使之成为热带海岛滨海旅游发展绝佳的样本。[①]

一 三亚热带海岛资源特征

（一）岛屿性显著

海岛旅游中，岛屿性特征是吸引游客的重要因素，特别是对于内陆观光者，正是岛屿区别于内陆地区的自然环境特征感召其前往体验。[②] 三亚属于热带海洋性季风气候，长夏无冬，全年阳光充足，旱季雨季分明。三亚市年平均气温 25.4℃；最冷的一月份平均气温 21.6℃，最热的六月份平均气温 28.8℃，气温平均的日较差 6.7℃，是久负盛名的避寒胜地。

三亚境内海岸线长 209 公里，有大小港湾 19 个，大小岛屿 40 个。其中，亚龙湾、海棠湾、大东海等海湾景物优美，湾长沙白，滩宽水蓝。蜈支洲岛、西岛等更是拥有独特的热带海洋水下景观。集山、海、河于一体，汇聚阳光、海水、沙滩、绿色、空气五大旅游吸引要素，毫不夸张地说，三亚岛屿性特征与品位在中国首屈一指。

（二）资源类丰富

三亚市地形地貌主要受北部五指山支脉向南辐射延伸以及南海海浪长期侵蚀和堆积作用影响形成，呈北高南低之势，北部崇山峻岭，峰峦绵延；南部平原平行海岸线，东西分布。地貌类型依次分布为山地、丘陵、台地和平原，地形起伏，错落有致。

---

① 徐海军、黄震方、侯兵：《海岛旅游研究新进展对海南国际旅游岛建设的启示》，《旅游学刊》2011 年第 4 期。

② 马丽卿、苏立盛、程敏玲：《比较视角下的我国海岛旅游发展模式和路径选择——以舟山和海南岛为例》，《浙江海洋大学学报》（人文科学版）2013 年第 5 期。

三亚不仅有岛屿富有的海岸带自然景观，还有如南山、热带天堂森林公园、鹿回头等其他丰富的旅游资源。根据国家标准 GB/T18972 - 2003《旅游资源的分类、调查与评价》，三亚的旅游资源分为 8 个主类、24 个亚类、60 个基本类型，合计有 322 个资源单体（见表 1）。其中，主类、亚类、基本类型分别占全国的 100%、77.4% 和 38.7%。[①] 所以，三亚旅游资源数量巨大、类型丰富、丰度显著。

表 1　三亚市域自然保护区一览

序号	名称	位置	建立年份	级别	保护对象	面积（公顷）	主管部
1	三亚国家级珊瑚礁自然保护区	位于东瑁洲岛、西瑁洲岛，鹿回头、大小东海，亚龙湾一带海域	1990	国家级	珊瑚礁及其生态系统	5568（海域）	三亚市珊瑚礁自然保护区管理处
2	甘什岭无翼坡垒保护区	甘什岭	1985	省级	无翼坡垒	2001	林业局
3	福万水库水源林保护区	高峰乡	1985	省级	水源林生态系统	3325	水利局
4	三亚河红树林保护区	三亚东、西河口及下游沿线	1992	地市级	红树林生态系统	475.8	林业局
5	亚龙湾青梅港红树林保护区	亚龙湾青梅港河口	1989	地市级	红树林生态系统	155.67	林业局
6	三亚铁炉港红树林保护区	海棠湾铁炉港	1999	地市级	红树林生态系统	292	林业局
7	六道综合生态保护区	六道	1996	地市级		1800	环保局
8	大东海火岭猕猴保护区	大东海	1996	地市级		73.3	环保局

资料来源：《三亚市城市总体规划（2011～2020 年）》。

---

① 符国基：《海南省自然旅游资源调查研究》，《热带地理》2010 年第 5 期。

（三）文化性独特

众多的历史文化遗迹、独特的民俗文化风情、厚重的佛教文化造就了三亚独特的文化特征。三亚，古称崖州，早在秦始皇设南方三郡之时，三亚就是其中的象郡。之后，经历汉代设珠崖郡、隋代设临振郡、唐代设振州，直至宋代，三亚成为最南端、最重要的地级规模州郡。天涯海角、大小洞天、崖州古城、落笔洞遗址都是其悠久历史文化的重要见证。

三亚汇集了黎族、苗族、回族等20多个少数民族，其中黎族（古百越人中骆越的后人）是岛屿的原住民，也是海南独有的少数民族。椰风海韵加上黎族风情已然成为其重要的文化名片（见表2）。[①]

表2　三亚黎族文化主要表征

分类	内容	特征
物质文化	村落与建筑	传统黎村多有高大林木环绕，槟榔树、椰子树等掩映其间，生态环境优美自然。传统民居是船形屋，外形如倒扣的船篷，造型简易朴素，还有特殊的隆闺、谷仓和土地公庙等建筑
	服饰	黎族服饰蕴含着历史、信仰、审美等诸多信息，最有特色的是树皮衣和黎锦
制度或行为文化	音乐与舞蹈	黎族人酷爱音乐，满山遍野的树枝、树叶都是乐器。舞蹈常常来源于日常生产生活劳作或宗教活动，如《舂米舞》和《捉鬼舞》
	婚俗	黎族婚礼极具生活趣味，有送娘、迎亲、吃喜酒、送亲等仪式
	节庆	"三月三"是黎族最盛大的传统节日，又称爱情节，是黎族人悼念祖先、表达对爱情的向往的节日
精神文化	文身	文身是黎族女性成年的象征和对美的追求，是黎族祖先崇拜、图腾崇拜等信仰的艺术杰作。随着时代的变迁和社会的发展，黎族文身已处于消失的边缘
	信仰	黎族信仰以祖先崇拜为主，也有自然崇拜和图腾崇拜

资料来源：《民族旅游地的文化展示与"旅游域"建构》。

宗教文化亦是海洋文明中重要的组成部分。远古，渔民们出海捕猎，身家性命系于一叶扁舟之上，面对波涛汹涌、瞬息万变的海洋，向神灵的祈祷

---

① 王学基、孙九霞：《民族旅游地的文化展示与"旅游域"建构——以三亚槟榔谷为例》，《旅游论坛》2015年第2期。

便成为最重要的心灵慰藉。佛教有云，"东海蓬莱，南海观音"，三亚的南山在南海之滨，南海观音是三亚浓郁佛教文化的体现。

（四）生态性脆弱

海岛大多四周海水环绕，淡水与土地等资源有限，为相对独立的生态系统。封闭的自然环境既是其独特的旅游资源，又使其生态敏感性较强、环境脆弱性较高。大规模的人类活动可能导致海岸线遭受侵蚀、海滩面积减少、生态环境退化。有限的环境容量一旦超载，便会造成不可逆的破坏且长期难以恢复。[①]

三亚市主要河流中，上游栖息地类型多样、栖息地质量较高。而下游受人为干扰影响，栖息地数量和类型减少。主要河流浮游植物以绿藻门和硅藻门种类最多，水体的营养水平为中营养状态，并有向富营养化发展的趋势。

三亚红树林由于人为因素干扰，近50年来，面积减少了70%以上，红树和半红树种类消失率达23%（见表3），且海榄雌、红树和红海榄等成林破碎化严重。从群落类型来看，近岸区域造田养殖等人类活动使分布在红树林内缘的群落受影响程度大于红树林外缘的群落，从而使原有相对稳定的群落优势种发生外缘种替代内缘种的现象。三亚河由原来的长条形斑块状变为不连续的小斑块状，对红树群落的维持十分不利。

表3　三亚市主要红树林湿地面积变化情况

单位：公顷

区域 \ 年份	1959	1992	1998	2003	2008
青梅港	144.15	—	66.7	—	50.2
三亚河	103.49	21.7	14	16.4	8.09
铁炉港	—	—	—	3.1	—
榆林湾	—	—	—	2.7	

资料来源：《海南省三亚市水安全保障体系建设规划》。

[①] 李晓晖、黄海雄、范嗣斌：《"生态修复、城市修补"的思辨与三亚实践》，《规划师》2017年第3期。

二　三亚热带海岛城市形象塑造

城市形象是城市的气质面貌，是城市形态与特征的高度凝练。它一方面能激发人们的思想与感情，引发人们的共鸣与移情；另一方面能对外彰显城市特色与发展，提升城市的记忆感与知名度。① 所以，城市形象与城市经济社会发展、城市活力与魅力指数等息息相关，一般既涵盖物质文化，又体现精神文明，是一座城市区别于其他城市的不同之处，也是城市发展建设的更高阶段。

对于三亚，碧海、蓝天、沙滩、阳光是最重要的城市要素，其鲜明特点是旅游资源丰富且具有垄断性。海岛特征为三亚最重要的城市风貌，是最直接而深刻的城市印象。而其国际性热带滨海风景旅游城市形象亦是在长期的规划指引下，对城市形象不断塑造的结果。

（一）坚持海岛风情的城市形象

1. 蓄力起步期（1988～1998年）

早在1988年三亚第一版城市总体规划编制之时，三亚刚刚升格为地级市，经济规模较小、城市基础设施较为薄弱。然而，该版规划就提出，三亚的城市定位为重点发展旅游业和高技术产业的热带滨海风景旅游城市。其旅游城市的发展定位，创国内之先河，具有相当的前瞻性。虽然这是三亚城市发展的初期阶段，但是其精准的定位与战略目标为三亚的旅游发展奠定了良好的基础。

2. 快速成长期（1999～2010年）

1999年，时任三亚市委书记王富玉在采访中明确指出，城市形象事关三亚发展的兴衰成败。于是，三亚市政府把1999年定为"三亚塑造国际

---

① 夏林根：《新世纪旅游的热点：远洋海岛旅游——上海、海口、三亚市场调查报告》，《旅游科学》2001年第2期。

化热带滨海旅游城市形象年"，并在 1999 年版城市总体规划中提出国际专业化旅游城市的发展定位。2006 年，为全面落实省委、省政府启动海棠湾的战略决策，对 1999 年版总体规划进行了重大调整。"国家海岸"的旅游度假区成为发展的重中之重，海岛旅游撬动三亚进入一个快速发展的新时期。

3. 战略腾飞期（2011 年至今）

在国家《关于推进海南国际旅游岛建设发展的若干意见》指导下，为深入贯彻国际旅游岛和国际旅游城市的建设要求，三亚开启了 2011 年版总体规划的编制。在最新版的三亚总体规划中，明确提出"国际性热带滨海风景旅游城市"的城市定位与"世界著名、亚洲一流的国际性热带滨海风景旅游精品城市"的发展目标。对于城市职能，三亚在国家层面为国际性热带滨海风景旅游城市及旅游度假胜地，国家南部国际经济文化交流平台及门户城市，南海能源开发、渔业渔政、旅游及行政管理等的后勤服务基地之一；在海南省层面为国际旅游岛（海南省）以旅游综合服务为主的南部中心城市。

纵观三亚 30 年的规划方向，城市旅游功能的主导地位不断被强化，热带滨海城市的形象、性质和定位始终如一。[①] 从"重点发展旅游"升级到建设专业化的"国际性热带滨海风景旅游城市"，城市定位始终将旅游放在首位，热带海岛的城市定位越发清晰和专一。

（二）强化海岛特征的城市空间

研究者一般认为，旅游城市是以现代城市基础设施为依托，以丰富的旅游资源、深厚的文化底蕴、周到的服务为吸引要素，集旅游资源、旅游产业、旅游功能于一体的城市综合系统。据统计资料显示，三亚三次产业结构比重为 13.5:20.3:66.2，第三产业较为发达，与同期全国产业结构相比，三亚市第三产业比重高于全国平均水平，第二产业比重则明显低于全国平均

---

① 刘俊：《三亚海滨旅游开发对城市发展的影响研究》，《地域研究与开发》2009 年第 6 期。

水平，由此反映出三亚市作为旅游城市的特点，也说明第三产业在经济发展中的重要地位。①

对于三亚，其旅游业在城市经济总量中占有主导地位，城市发展以旅游休闲为主，即在外来游客的需求推动下，城市的休闲功能不断补充完善。其城市形态为旅游城市，城市发展特点以景区景点建设为主，旅游产业发展较快，城市中酒店、旅行社等旅游配套设施较多，但是日常影响城市形象的品质空间有待完善。所以，在城市形象的塑造提升阶段，三亚不仅要在城市空间上满足旅游功能的发展布局，更需要梳理城市空间环境品质特色要素，快速提升城市品质，彰显热带滨海风情旅游城市的特色与魅力。

1. 山海廊道

城市形象是城市的外在特征，而城市形态则是城市形象最直接的表达。在城市空间的宏观尺度上，于三亚而言，山、海、河、城相互融合的城市景观格局是其独特的具有海岛特征的城市形态天际线。为了强化海岛城市形象，城市建设要协调好与滨海、临山、有水的自然环境的关系。三亚东、西河及其上游沿线，凤凰水城至消旗港沿线既是三亚重要的滨河景观廊道，也是山海相连的主要通廊。廊道的建设改善了城市与滨海地区的可达性和通视条件，保持城市与自然的融合和互动，在城市空间中强化了海岛特征。

2. 门户节点

在门户与节点空间及重要的交通枢纽地区，如三亚凤凰机场、高铁站、凤凰岛邮轮码头等城市门户区塑造具有海岛特色的景观形象，突出热带滨海旅游城市特征。在三亚湾活力中心轴线、凤凰岛端头等区域的沿滨海带、沿景观带建设作为海景的景观标志点，通过标志性建筑或构筑物，营造具有海岛特色的城市景观风貌特征区。

3. 建筑色彩

在城市空间的微观尺度上，海岛城市建筑形态应高低有序、尺度适宜、

---

① 王木、齐符国、甚陈键：《三亚市旅游资源调查研究》，《海南师范大学学报（自然科学版）》2014年第4期。

疏密有致，形成统一的格调与优美的天际线，尽量避免大裙楼、大面宽、大体量的建筑。城市建筑以白色和浅暖色为主色调，低层界面或度假区以木色调为主色调，坡屋顶采用砖红色，以凸显城市的热带滨海色彩。

4. 绿化景观

在景观塑造及保护既有的绿地、花木的基础上，增加具有热带滨海特色的绿色空间。比如，在滨海景观大道的隔离带、交通岛等区域，种植椰子树、棕榈树、槟榔等热带植物，营造热带风情、绿树成荫的花园滨海城市的氛围。在重点街区，通过城市雕塑等建筑小品突出海岛城市的景观特征，加深滨海城市的标志性与记忆感。

5. 品牌营销

除了打造热带海岛风情的城市实体空间，三亚围绕国际热带滨海旅游城市的定位，提出"东方夏威夷""美丽三亚、浪漫天涯"等城市宣传语，举办环岛自行车赛、世界沙滩排球、世界小姐总决赛、新丝路模特大赛、天涯海角国际婚庆节等国际国内赛事和活动，并成功举办了"金砖国家领导人会议"。这不仅加强了三亚的对外开放程度，而且通过大事件，带动旅游营销，促进海岛特征的城市形象的提升与传播。①

（三）维护海岛生态的可持续性

热带海岛既是三亚的城市形象，又是三亚最独特的城市风貌。海岛风情使得千万游客趋之若鹜，三亚旅游产业得以飞速发展，而城市环境品质快速提升的同时，也造成了环境容量超过负荷的问题。倘若旅游城市一味追逐利益，忽略可持续发展，就会由鼎盛期转变为衰落期。为保障山、海、河的城市形象，三亚需加大环境保护力度，构建良性的生态循环体系，提升城市形象的可持续性。②

---

① 杨洁、陈磊：《候鸟文化视角下三亚城市发展的困境与出路》，《城市建设理论研究》（电子版）2017 年第 11 期。

② 吴良镛、徐莹光：《对三亚市中心地区城市设计的探索》，《城市规划》1993 年第 2 期。

1. 山的修复

山体在三亚热带海岛城市形象中是城市空间的背景区，是山海特色空间的重要组成部分。然而，由于人类的活动，产生了诸如采石开山、果林侵占等问题。为此，三亚提出了边坡治理、尾矿治理、土壤基层改良、水资源修复和微生物修复的采石开山山体修复措施，以及退果还林策略，以恢复青山本体面貌，修复依山傍水的城市形象。

2. 河的修复

河流是城市最重要的景观空间，串联着山、海、城，亲水空间亦是城市形象中的窗口区。由于生产和生活活动，三亚部分河流湿地出现水环境退化、红树林退化、岸线硬质化等问题。为此，提出了以源头减污、中途截污、末端净污、全程控污的水环境修复策略，水系连通的河道淤塞修复策略，以及岸线优化的生态修复策略；并提出了三亚河污水管道清理整治、三亚市中心城区及城乡接合部污水设施建设、三亚西河上游河道生态修复及滨河空间规划设计、三亚西河（海坡段）水系连通及滨水空间规划设计等项目建议。

3. 海的修复

临海是三亚城市形象最主要的特征和最重要的记忆点。随着人类亲海活动的增多，三亚出现港口河口污染、海岸植被退化、植被过于人工化、驳岸侵蚀、珊瑚礁遭到破坏等问题。为提升海岛生态的可持续性，维护三亚热带海岛的城市形象，三亚提出水质修复、岸线修复、珊瑚礁修复和三亚市海洋生态补偿管理办法等修复策略，并提出了三亚人工珊瑚礁试点、三亚湾污水管道清理整治、三亚湾绿带生态化修复、三亚湾补沙及监测等生态修复项目建议。

三 三亚城市度假休闲区建设

（一）城市度假休闲区的特征

1. 度假休闲区的发展过程

度假旅游最早发源于欧洲，是少数统治阶层和社会精英消磨时间的一种方式。直到 19 世纪，随着世界经济的不断增长、现代人工作压力的不断攀升与收入和闲暇时间的空前增长，以休闲、娱乐、放松为目的的度假旅游成为越来越多人闲暇时间的首选。度假休闲区就是这类满足游客休闲需求，拥有较好的环境资源和条件，专业化开展休闲旅游的聚集区。最早的度假休闲区以温泉浴疗为主要类型，二战后，随着地中海休闲区的兴起，阳光、沙滩、海洋开始盛行。到 20 世纪 70 年代后期，欧美国家中度假旅游成为各类旅游产业中的领头羊。[①]

我国的度假休闲区最早的代表是承德避暑山庄、苏州的私家园林，度假的主体主要是封建权贵阶层。新中国成立后，建设了部分以避暑、疗养为目的的休闲度假区，如江西庐山。真正的大规模、大众化休闲区的建设是在 20 世纪 90 年代，第一批由国务院批准设立的 12 个国家级旅游度假区开我国度假旅游产业之先河，是一次大胆的尝试，也标志着大众化旅游的出现。[②]

2. 度假休闲区的建设内涵

在满足游客度假需求的同时，休闲区的建设开发对当地社区的经济有显著的带动作用。但是一般来说，休闲区的开发投资较大，对基础设施的建设要求较高，需要地方政府的介入与扶持。通常的做法是，政府提供度假休闲区前期基础设施建设，待条件成熟后，通过招商引资吸引资本开发商业旅游设施。

另外，为了避免随意开发带来的环境衰退后果，度假休闲区必须按照管理当局和开发者的规划意图，在既定的规划目标和原则下，对土地使用、项目建设、环境运营等方面开展专业化的严格控制。

（二）三亚滨海休闲区的布局

世界范围内，由于滨海旅游的发展，旅游城市化现象普遍存在，在很多国家和地区出现平行于海滩的线形形态与带状的空间布局，是在级差地租的影响下，在游客的亲海需求与开发商的趋利供给下作用的结果。三亚的滨海

---

① 朱芳、苏勤：《国外旅游度假区研究综述》，《旅游论坛》2010 年第 3 期。
② 周建明：《旅游度假区的发展趋势与规划特点》，《国际城市规划》2003 年第 1 期。

休闲区建设沿海岸线带状集聚，旅游服务设施向滨海休闲区不断集中，并呈现集主题性、文化性、生态性、景观性、休闲性于一体的特点。[①]

1. 大三亚湾

大三亚湾东段大东海至三亚湾一带属于城市型海湾，重点完善基础设施，发展旅游及相关产业；大三亚湾西段红塘湾至南山一带，突出文化、体育休闲主题，形成具有地域特色的旅游度假海湾。

2. 亚龙湾至海棠湾

突出旅游度假主题，亚龙湾国家旅游度假区应进一步完善配套设施，提高配套服务水平；海棠湾"国家海岸"休闲度假区应建设成为世界级的集滨海度假、休闲娱乐、疗养休闲于一体的综合型旅游度假区。进一步提升对南海的服务保障能力，强化后勤保障、疗养服务、休闲外交、教育培训、文化交流等功能。

3. 崖州湾

突出海洋、历史等文化主题，应强化对南海的服务保障作用，建设成为南海能源开发服务基地、渔业及渔政管理服务基地、旅游服务及相关管理综合配套服务基地。以崖州区为中心统筹整个海湾的发展，东段应进一步推进创意新城和崖州中心渔港、游船游艇母港、邮轮港"三港合一"工程建设，强化南海服务保障功能，加强历史文化名镇名村保护，发展文化旅游；西段应作为战略预留地，近期可适度发展休闲渔业、红色旅游等。

（三）亚龙湾典型休闲区的开发

坐落于三亚的亚龙湾休闲区是目前国内度假休闲区中最为成熟和最具代表性的区域，享有"天下第一湾"的美誉。亚龙湾距市区约 20 公里，三面环山，一面临水，道路交通以环形主干道为依托，呈现放射状，主要采用尽端路的形式串联不同景观，满足了度假主题区域高端私密的要求。

[①] 陈钢华、保继刚：《旅游度假区开发模式变迁的路径依赖及其生成机制——三亚亚龙湾案例》，《旅游学刊》2013 年第 8 期。

　　亚龙湾的建设最早始于 1988 年，由海南省旅游总公司统一开发建设。这一过程的开发建设由政府主导。1992 年前后，三亚市政府为了解决开发前期融资问题，成立了亚龙湾开发股份有限公司，对亚龙湾休闲区进行统一规划管理。1995 年，受海南楼市狂潮退去影响，陷入财政危机的亚龙湾开发股份有限公司开始引入外资，成为中外合资股份制企业。从此，三亚亚龙湾走上了企业主导开发，政府有限介入的政企合作的开发模式。

　　20 世纪 90 年代的亚龙湾，先后建设了亚龙湾中心广场、蝴蝶谷、贝壳馆等首批著名旅游景点。并在中粮集团的投资下，建设了国内第一家五星级度假酒店——凯莱度假酒店，这标志着三亚走向打造高端豪华海滨度假休闲区的时代。随着投资环境的日益完善，滨海公园、度假别墅、会议中心、海底观光世界、高尔夫球场、游艇俱乐部等国际一流水准的度假设施不断在亚龙湾出现。

　　远离城市的地理区位、相对封闭的自然条件、组团式的发展布局使得亚龙湾形成以高端度假休闲为主的滨海旅游目的地，成为中国滨海度假旅游行业的标杆和城市的示范。[①] 对亚龙湾度假休闲区的回顾不难发现，城市度假休闲区的建设开发受到多种因素的共同影响，比如度假区自然地理区位特征、市场开发建设条件、规划管理当局的目标定位。[②] 亚龙湾在整体开发建设之初，区域内 400 多户住户整体搬迁，实现了度假休闲区与社区的完全分离，为度假休闲区的一体化规划管理提供了可能。高档的滨海度假酒店集中于线性的滨海空间，大多位于滨海路南侧，与沙滩海岸巧妙相融，打造了高品质的特色滨海风情空间。在管理当局的严格控制下，房地产项目集中布局于休闲区入口东侧，一线滨海地块严禁用于住宅类项目的建设，保证了度假休闲功能的地位，满足了高端度假市场的质量需求。正是在高端度假休闲区定位的坚持下，才有了现在统一规划、自成一体、封闭开发的国际化一流水准的旅游度假休闲区。

---

① 保继刚、刘俊：《三亚海滨度假区形态研究——以亚龙湾、大东海、海坡为例》，《城市规划学刊》2007 年第 1 期。

② 王艳：《城市型滨海旅游目的地和度假区型滨海旅游目的地比较研究？——以北海银滩和三亚亚龙湾为例》，《旅游论坛》2015 年第 4 期。

B.9

台南：历史文化遗产保护、
运河环保与新城区建设

谢俊民　李永奇　何弈萱*

摘　要： 气候变化对于世界各地的文化资产保护都形成冲击。本文以
台南市长期曝露在外部环境下的历史文化资产为调查对象，
评估气候因素对文化资产的危害与影响，通过划分地域性的
相对气候风险等级，提供永续保护管理的决策参考依据。与
此同时，近年来也因都市热岛的高温化现象，增加能源消耗，
使热舒适性不佳。本文探讨夏季海风对台南市滨海地区微气
候的影响，针对街廓内建物进行方案模拟，以容积率改变、
建筑物退缩及保留公共空间为主要策略，提出微气候环境的
空间规划与设计策略。台南市的都市更新建设强化水岸城市
结构，整合运河两侧水岸的蓝环再生计划，恢复都市机能，
改善周边居住环境，增进都市公共利益的空间再发展计划。

关键词： 文化遗产　城市气候　城市更新　台南市

* 谢俊民，东京大学都市工学博士，同济大学建筑与城市规划学院副教授，研究方向为可持续
发展、城市气候；李永奇，同济大学建筑与城市规划学院，研究方向为城市更新；何弈萱，
成功大学都市计划系研究生，研究方向为规划分析方法与大数据。致谢：本文主要引用于第
一作者在成功大学任职的共同研究团队的成果及引用台南市政府资料，感谢成功大学都市计
划系与建筑系的研究团队的数据提供及分析整理。

一 前言及文献综述

随着极端气候对地球环境的冲击，全球气候变化对于人类环境的影响已经开始威胁到文化资产的安全与价值。气候变化对于世界各地的文化资产保护都形成了相当程度的困难，尤其是对于长期曝露在外部环境下的文化资产，如古迹、历史建筑、考古遗址、文化景观、聚落等建筑，不但会给其外部建筑材料造成潜在的破坏与威胁，甚至有可能减损其价值。文化资产与古迹恶化的类型和程度由环境起决定性作用，文化资产劣化的三个重要影响因素是：①生物劣化过程；②材质曝露在空气中受到的大气劣化或风化；③自然和人为的污染。以文化资产多属木材或石材的欧洲为例，气候的变化对历史建筑本身及其展示的文物足以造成无法修复的影响。欧盟第六期研发架构计划通过一项跨国的研究项目——诺亚方舟计划（The Noah's Ark）的"全球气候变化对建筑遗产和文化景观的影响"研究（Global Climate Change Impact on Built Heritage and Cultural Landscapes），针对文化资产材料中的石材、大理石、木材等材料，进行避免受气候因子影响的预测研究。① 根据以欧洲多数历史建筑如教堂、纪念碑及拱门等为研究对象的环境监测相关文献，气候参数如由温度衍生的气温范围、冷冻解冻、冷热冲击，或由水衍生的雨量、湿度、潮湿时间，或由风衍生的风速、风向、受风影响的降雨、沙与盐，或由污染物衍生的二氧化硫、二氧化氮、酸雨等都是影响文化资产保护的重要因子。

近年来，因都市高温化形成都市热岛现象，不仅增加都市能源消耗，还易让人感到不适。各地开始对都市高温化提出相关讨论，并拟定改善策略，降低都市温度，以提高环境质量。城市风环境的研究在缓解城市热岛效应、

---

① Sabbioni, C., Brimblecombe, P., Cassar, M., Eds., "The Atlas of Climate Change Impact on European Cultural Heritage", *Scientific Analysis and Management Strategies*, Noah's ark project, London Anthem Press, 2010.

治理城市空气污染、调节城市舒适度等问题上起着重要的作用①，其将海陆风及山谷风等中尺度风场作为改善都市气候的策略之一，通过对海陆风环流进行分析，提出沿海都市的海风能有效降低都市内部温度。而河川、湖泊等水体也因蒸散作用，对都市造成不同程度的降温效果。都市热岛范围易受地形影响，而都市水体也因其规模及分布形态对都市环境产生不同程度的影响。日本名古屋、韩国及中国台湾的学者还讨论了都市水体配合绿地配置对地区降温的成效。在城市设计中，风廊道是空气流的通道，可以由道路街谷、开放空间等区域塑造而成，是改善城市风环境的重要工具。

城市滨水空间与城市气候息息相关，同时城市滨水空间也与城市景观、城市生态有着直接关联，因此在都市中，滨水空间的设计必将成为城市设计的重要环节。台南市早期的运河盲段（今中国城）船渠曾被用于渔船停泊，台南市政府于1977年将台南市运河盲段填平，兴建中国城大楼并希望能带动地方的繁荣，但后来由于受到相关政策的影响而逐渐没落，出现了环境肮脏、凌乱不堪的情形。由此，台南市提出《变更台南市中西区（中国城暨运河星钻地区）主要计划案》和《拟定台南市中西区（中国城暨运河星钻地区）详细计划案》，希望通过规划设计营造出符合市民期待与促进地方繁荣发展的共荣愿景。

二 研究地点

本文案例均选取台南市作为研究地点。台南市位于台湾西南部，东经121°，北纬23°，西临台湾海峡、东临阿里山山脉、北接嘉义县、南与高雄市为界，面积2191平方公里，人口约187万人，位于北回归线以南，属亚热带气候区，全年温和少雨、日照充足，全年平均气温约为24℃，年平均相对湿度在75%，年平均降雨量约为1570毫米，深受海陆风循环影响。台

---

① 程琬钰、谢俊民：《以数值模拟探究海风对沿海都市风环境之影响》，第十五届国土规划论坛，2011。

南市历史文化遗产、古迹众多，其省级古迹 22 处，市级古迹 109 处，有文化古都的美称。

城市气候与风廊道研究范围选定台南市安平区，左临安平港，面积约为 30.72 平方公里。此区域涵盖人口聚集区与台南市新兴重划区，且区域内涵盖多种土地使用类型，如商业区、工业区、住宅区、农业用地等。夏季平均气温接近 30℃，以 7 月为最高，本文分析夏季 6～8 月全日风向，平均风向为南风，但夏季使人不舒适的热岛效应发生于白天时段，受到海风影响的 10～18 点以西风为主，平均风速为 3.4 米/秒。

三 历史文化遗产保护：气候变化对古建筑保护的影响

台南文化资产气候地图是通过气象站与环保观测站的长期气象资料统计，并比对台南市内文化资产损坏的现状调查绘制而成。危害文化资产建筑的关键在于当地气象变化的特色。研究根据文化资产风险地图数据库中选定的材料（木材、石材）和特定的气候参数（气温、风、相对湿度及降雨量的参数），以及根据每种材料受到气候影响的损坏性质，叠加特定气候参数地图，区分不同气候风险区域。本文评估气候因素对有形文化资产的危害与影响，划分地域性的相对风险等级，形成文化资产保护研究作为可持续发展及永续保护管理政策及策略上的优先考虑次序的评断依据。①

（一）气象环保数据及研究方法

气象数据资料采用分布于台南市与邻近县市各处的中央气象站气候观测站（共 13 个）所监测的气象逐时资料，进行十余年的气象资料收集，包括气温、相对湿度、累积雨量、风速、风向。观测站位置分类为：A 为市中心区（5000～13000 人/平方公里）；B 为周围乡镇（700～2000 人/平方公里）；

---

① 徐明福、吴秉声、谢俊民：《文化资产气候地图数据建置计划——以台南市为例》，文化资产环境监测技术国际研讨会，2012。

C 为偏远及山区乡镇（100～200 人/平方公里）；D 为邻近县市的参考辅助观测站。

本文首先搜集台南市气象站及环保监测站的长期监测数据资料，进行文化资产实地调查，绘制各项主题式空间分布地图，其各项地图定义说明如下。

（1）气候地图（Climate maps）。根据与文化遗产有关的传统气候统计资料进行绘图，气候参数包括气温因子、水分因子（累积雨量、相对湿度）及大气因子（风速、风向）等，气候地图是后续分析地图的基础，用于描述研究地区长期且持续的气候条件与变化趋势。

（2）文化资产气候地图（Heritage climate maps）。数值资料来自气候参数对于特定文化资产气候的影响，如木材与石材的指标因子统计。从气温来看，高温会造成建筑材料的热膨胀，如灰浆剥落的现象，也影响材料所含水分的变化；高温加速材料上所有的生物劣化过程。从湿度来看，过度潮湿使生物威胁建筑材料的概率变高；过度干燥则影响木构材料或建筑表面产生裂纹及风化。润湿时间越长，材料受侵蚀概率越高。相对湿度宽幅变动频率次数的增加会造成风化概率的提高。狂风暴雨的风流动使得垂直落下的雨水具有水平分量，冲刷垂直与水平建筑立面。

（3）文化资产地图（Heritage maps）。通过 GIS 定位的方式，将台南市文化资产（古迹、历史建筑）标示于台南市行政区划图上，依照资产价值的层级做颜色区分。并将实地调查资料做记录，其信息包括：古迹类别与编号、名称、位置、建筑外部构造材料等。

（4）文化资产风险地图（Heritage risk maps）。叠加数张文化资产气候地图与文化资产地图，绘制文化资产的风险等级，分为高度风险、中高度风险、中度风险、低度风险等四个文化资产风险等级。分析台南地区各地文化资产的特定材质（木材、石材）可能遭受危害的程度，提供普遍性的风险形态信息。

（二）文化资产气候地图分析

1. 气候地图

台南市气候状况从年平均气温来看（见图1），由西部沿海地区向东部山区逐渐降低；年平均相对湿度为 75% 左右；年平均累积雨量则以东部山区降雨量最高，其次往沿海地区降低；年平均风速以西部沿海地区最高，平均风速值较高可达 4 米/秒，而接近东部山区的风速值偏低；年平均风向以北风占的比例最高，其次为北北东。

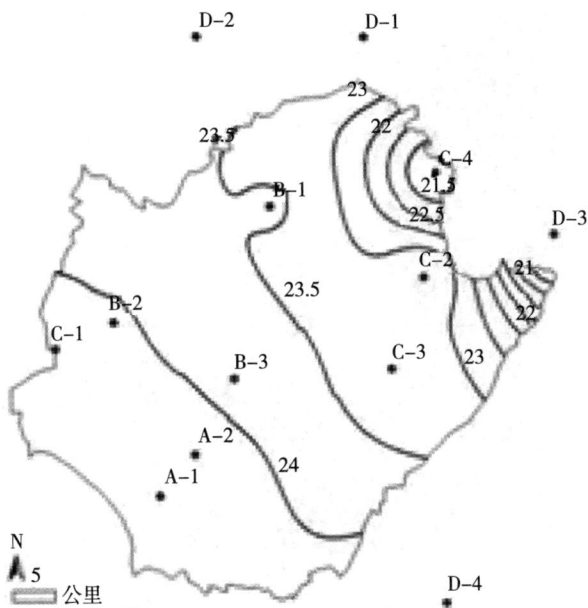

图 1　气候地图：年平均气温

资料来源：徐明福、吴秉声、谢俊民《文化资产气候地图数据建置计划——以台南市为例》，文化资产环境监测技术国际研讨会，2012。

2. 文化资产气候地图

台南市各地区以靠近沿海的 B－2 全年平均气温高于 30℃ 的天数最多，达 50 天（见图 2）；而 C－1 长年风速值较大。计算 Wind Dirven Rain（每小时风速值 × 降雨量/年），其中总数最高为沿海地区 C－1；高相对湿度（80%）以 B－3 超过 130 天为最高；而相对湿度介于 75% 上下变化次数各地区皆高于 600 次，其中 C－1 与 A－1 所测得的次数则高于 700 次；降雨强度以山区（C－2、C－4）发生大雨的概率为最高，降雨的强度较大。

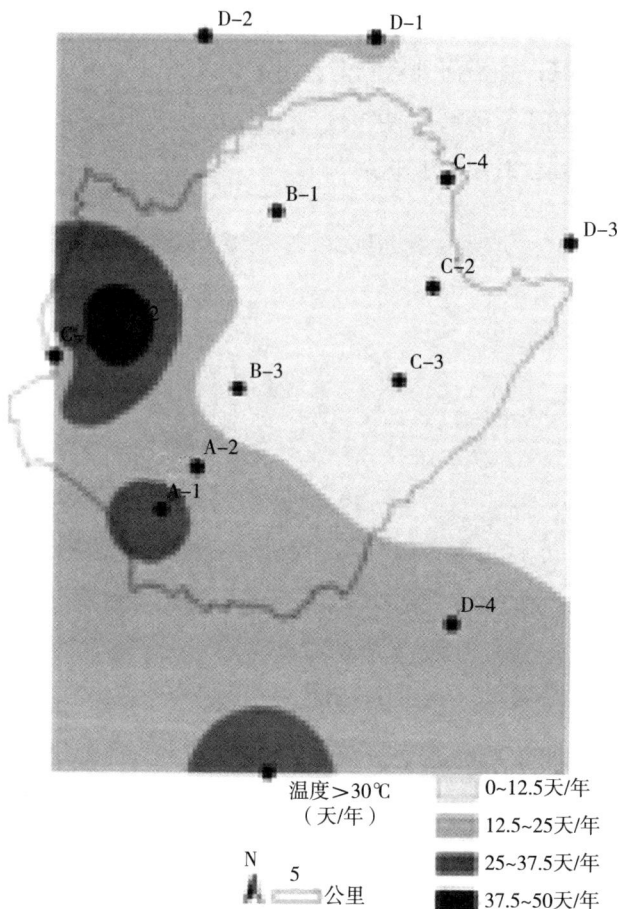

图 2 文化资产气候地图：全年气温高于 30℃ 的累计天数

资料来源：徐明福、吴秉声、谢俊民《文化资产气候地图数据建置计划——以台南市为例》，文化资产环境监测技术国际研讨会，2012。

3. 文化资产地图

本文进行了台南市有形文化资产的调查，以政府公告的古迹分类为主，合计 175 处，分布在台南市各平地、沿海地区或山区等各种地理环境中，包括古迹（包括省级古迹 22 处与县市级古迹 103 处）及历史建筑（45 处）。

就分布情况来看（见图 3），古迹坐落的位置以 A－1（约 110 处）为最多，历史建筑则分布较为平均。有形文化资产建筑本体构造以砖造、石造、木构造以及混凝土构造等四大类为主。而外部构造材料由基座至屋顶来看，其基座主要以石材为主，屋身以贴面砖或清水砖、洗石子等为主。屋顶的外部材料则有水泥瓦、铜瓦、石瓦等。

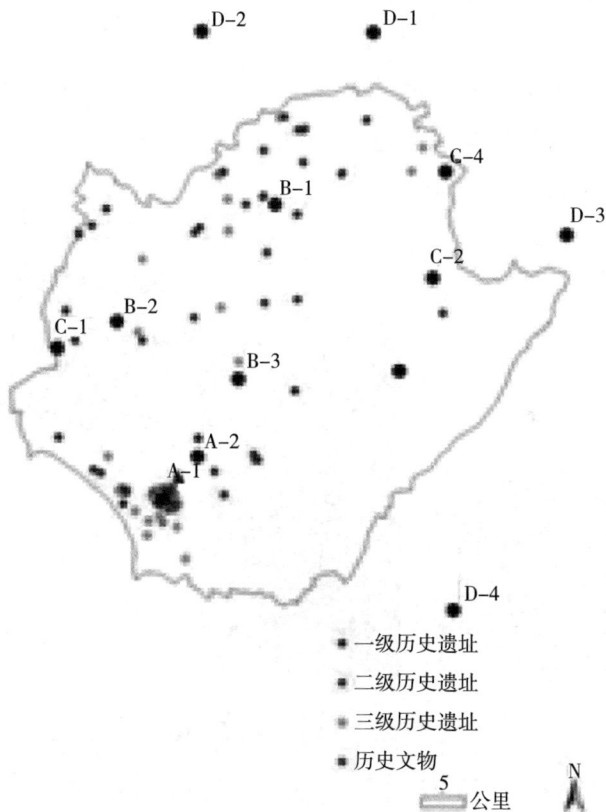

图3 文化资产地图

资料来源：徐明福、吴秉声、谢俊民《文化资产气候地图数据建置计划——以台南市为例》，文化资产环境监测技术国际研讨会，2012。

4. 文化资产气候风险地图

针对石材质所绘制的文化资产气候风险地图，主要是叠合地图，其采用了五张文化资产气候地图（全年中风速大于 3 米/秒的累计总小时数、Wind

Dirven Rain、全年中相对湿度高于80%的累计天数、全年中相对湿度介于75%上下变化次数、全年中降雨天数高于130毫米的累计天数），并与文化资产地图进行叠合分析（见图4）。该地图高度风险区范围包括A-1、B-2、B-3、C-1；中高度风险区为A-2；中度风险区为C-3；低度风险区为B-1、C-2、C-4。石材风化威胁，强烈受到风及风吹动的雨的影响，尤其是海岸边的C-1，其年平均风速值可达到4米/秒的强度，A-1也可达到3米/秒。例如，安平小炮台（A-1）位于高度风险区，受到气候影响的破坏情况包括粉刷层脱落、表面风化斑驳；而后壁车站（B-1）受到气候影响的破坏情况则为表面涂料的脱落。

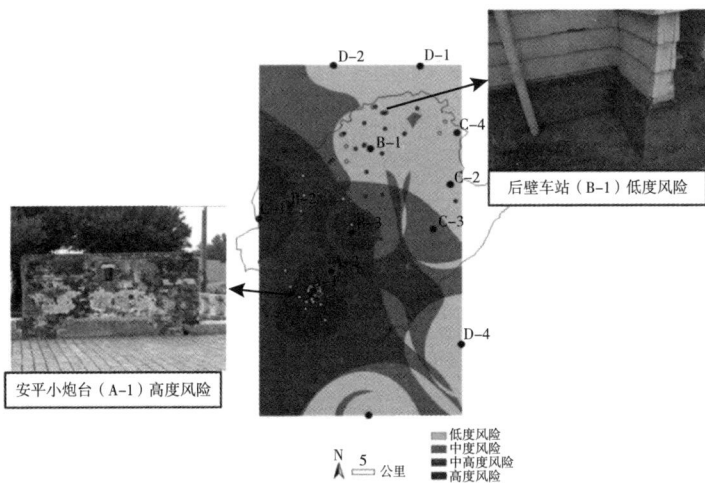

图4　文化资产气候风险地图：石材质

资料来源：徐明福、吴秉声、谢俊民《文化资产气候地图数据建置计划——以台南市为例》，文化资产环境监测技术国际研讨会，2012。

四　运河微气候环境：海陆风对都市热岛的缓解

本文选定台南市安平区为研究对象。安平区目前多为住宅及部分商业使用建筑，包含安平港历史风貌园区；建筑物多为 4 ~ 5 层楼，并有部分 10 层楼以上的新兴建筑物位于运河中段南面及安平区东南处。为了解夏季海风及运河风廊道对台南地区的影响，选取台南测候站全年气象资料，经过分析可知夏季海风影响台南地区最为明显的时间为 10 ~ 19 时，其中以 13 ~ 15 时影响最为明显。本文主要探究海风的风速及风向的改变对滨海都市地区风环境的影响。

（一）城市气候研究方法

本文以现场观测及数值模拟为主要研究方法，通过台南历年气象资料，掌握台南市都市气候现状，并拟定实际观测计划内容进行分析，选取实证地区，将观测结果与环境模拟相互验证，分析研究地区现存的风环境及台南运河对都市环境的影响。

1. 现场观测

本文设置固定式及移动式观测地点。固定式观测日结果发现，台南海事风向主要以北北西为主，平均风速值为 2.65 米/秒。进而分析该时段每小时风向变化，发现该时段风向会随时间变化逐渐转向东北面，尤其至 18 时风向已转为东南风，观测期间的风向确实会存在一天内向海向陆的情况。移动式观测的温度及风速分析结果显示，邻近水体的路线平均温度值较低，且其平均风速值也较快速，可推断风速值会影响温度高低。绿地及水体等开放空间的设置若配合盛行风向，对整体风环境的影响更大。

2. 环境模拟验证

本文的对策是规划风廊道改善夏季热岛现象。首先，分析台南市夏季气象站的风速、风向等气象数据，将其作为风环境基础数据。其次，从地表粗度分析风廊道潜力路径，通过都市计划通盘检讨变更土地使用分区，以最小街区规模 1 公顷为计算单位，计算网格内的面积，并采用盛行风下的投影楼高面积作为主要参数，计算地表粗度指标（Frontal area index, FAI）。最后，根据最小成本路径法，计算区域内最小地表粗度路径得到 FAI 风廊道，并以计算流体动力学（CFD）进行模拟验证。将风廊道引入研究区域内相对具有降温潜力的路径上，可改善下风处的城市温度，进而减缓城市热岛效应。[①]

（二）风廊道与风环境分析

以最小成本路径法计算风廊道路径，以研究范围西端设定等间距为起点，以研究范围最东端为终点，计算出最低成本值的风廊道路径（见图5）。研究区域西边较稀疏且楼高较低的建筑物，计算出较低的地表粗度。由西向东的最小路径在计划区西边，并不具有主要的风廊道，而最小路径进入了FAI较密集的区域，即开始收敛成为5条主要风廊道。[②] 本文使用计算流体动力学软件 WindPerfect，设定夏季盛行风向西风进行仿真模型设定，选取安平国中为中心（见图6），边界设定分别为2600米（南－北）×2600米（东－西）×150米（高度）。模拟结果显示，西面因多为水体等开阔空间，风流入较顺畅，但北处多为低密度住宅区，建筑物多较低矮且密集，其街道宽度多为6~8米，阻碍海风流入，西北处及运河以南风速较低。整体而言，下午时段海风虽影响明显，西北处虽为下午时段海风入风口，但因建筑物密集且低矮，其风速值多偏低。[③]

（三）模拟验证结果

为了解地表粗度指针FAI计算得出的西风风廊道对于城市风场的解释能力，计算流体动力学软件模拟风向西风，并以此结果与FAI（西）风廊道进行叠图验证。将最小成本路径法所计算的FAI风廊道路径与CFD西风模拟结果进行叠图分析，结果显示，计划区西边具有较少的建筑物，导致研究区

---

① Chun-Ming Hsieh，Hsin-Chiao Huang，"Mitigating urban heat islands：A method to identify potential wind corridor for cooling and ventilation"，*Computers，Environment and Urban Systems*，Vol. 57，2016，pp. 130－143.

② 郑子捷：《以形态学方法探讨都市风廊道与潜力降温改善策略——以台南市安平与外围区域为例》，硕士学位论文，成功大学都市计划系，2011。

③ 程琬钰、谢俊民：《以数值模拟探究海风对沿海都市风环境之影响》，第十五届国土规划论坛，2011。

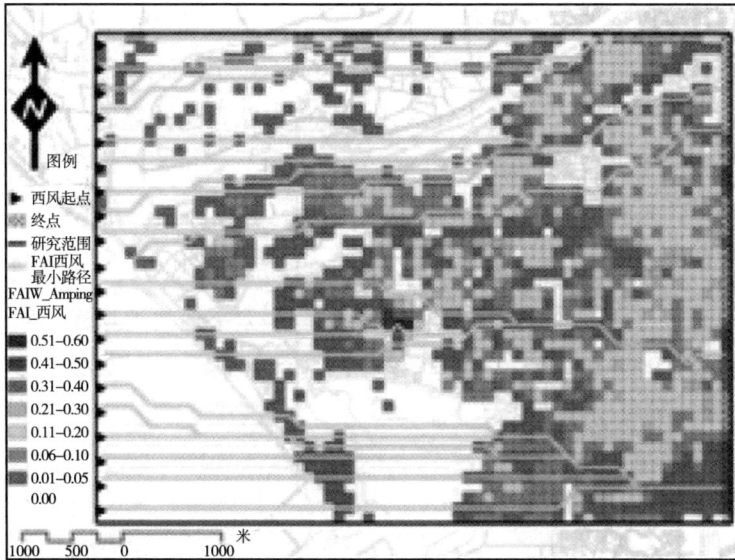

图 5　最小成本路径法的西风风廊道

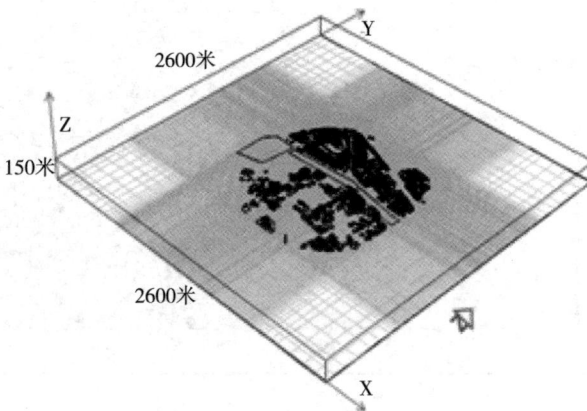

图 6　CFD 模拟模型

域西半部整体风速较高，在建筑物较高且密集的安平区、南区、中西区，最
小路径则较为收敛，右起第一条风廊道在计算流体动力学的结果看来，在最
小路径上的风速明显高于周边的风速，特别在经过安平运河后风速明显高于

周边部分,风速接近3.8米/秒。

第二条风廊道也呈现相同趋势,在最小路径上风速皆高于周边形成风速较快的区域(见图7),验证FAI利用最小成本路径法计算风廊道的方法具有一定的解释能力。[①] 计算流体动力学计算西风的结果,因本文研究区域西边的建筑物较少,导致研究区域西部整体具有较高的风速,以最小成本路径法所计算出来的路径与计算流体动力学叠图分析,发现路径上所经过的风速皆比周遭的风速高,符合由西向东的风廊道。[②] 安平运河的风速相对于周遭为较快速的区域。环境模拟风速的结果与实测结果一致,模拟风速值(见图8)与实测值的误差皆小于7%。

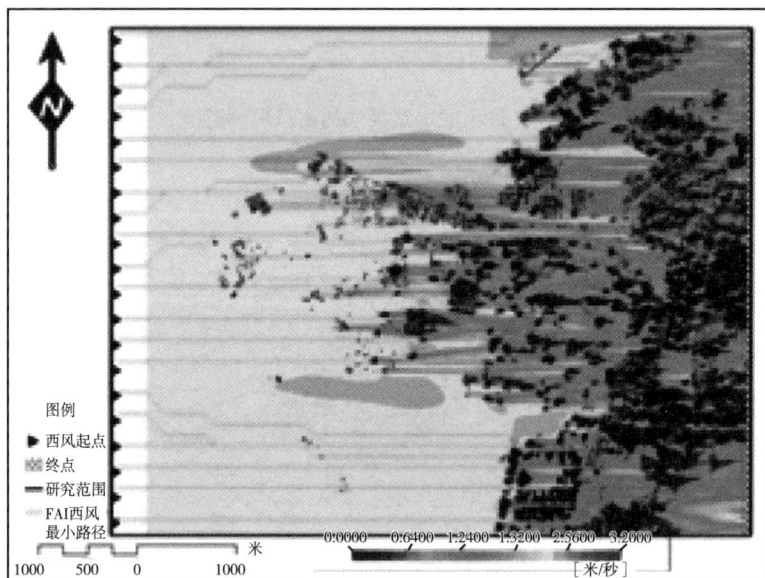

图7　西风风廊道叠图验证

① 谢俊民、郑子捷:《基于土地使用的城市风廊道规划策略》,中国城市规划学会,2013。
② 林信桥:《多主体模拟系统于都市风廊道探测之初探研究——以原台南市为例》,硕士学位论文,成功大学都市计划系,2014。

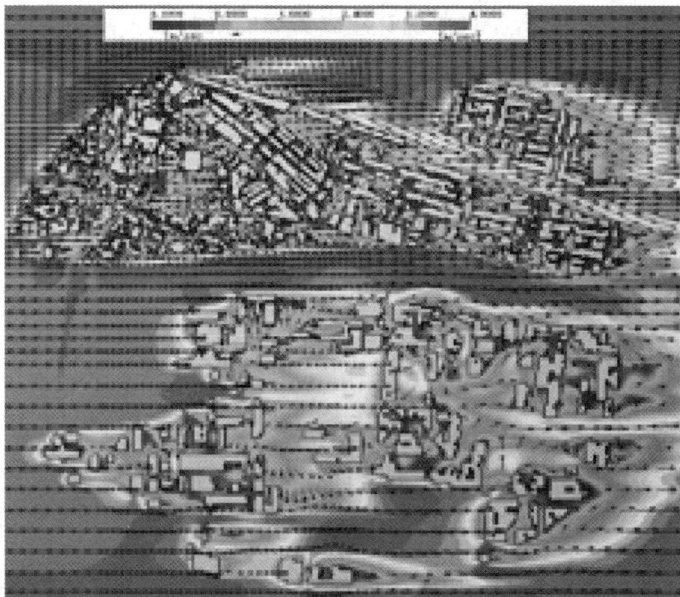

图 8　CFD 现况环境模拟

（四）城市空间改善策略

环境模拟结果分析得知，夏季海风于下午时段流入安平区时，于运河上方形成的风廊道受运河旁高楼阻碍。研究地区西北处虽临盛行风入风口，但因建筑物密集且街道较窄，也可能影响下风处的风场。根据上述原因，需对这两处风场进行改善。[①]

1. 研究地区入风口处改善

分析下午时段风环境，发现安北路平均风速最低。研究考虑街道方向及现有土地使用，优先选定改善安北路风场。安北路段西侧为安平港历史风貌园区，其旧聚落的保存为其特色，因此选择其东侧的住宅区进行改善，并以容积率改变及建筑物退缩为主要策略。

---

①　程琬钰：《夏季海风对台南运河周边都市微气候之影响与改善策略》，硕士学位论文，成功大学都市计划系，2011。

（1）建物容积率增加。在现有建成街廓的限制下，调整现有容积率以改善当地的风场。根据都市计划容积移转实施办法，容积移转以不超过当地基准容积的30%为原则制订改善方案，并拟定容积率方案以改善当地风场。

（2）建筑物退缩。借由建筑物退缩，可保留公共空间，并借由建筑物高度与道路宽度的比率降低以增加其通风效果，因此本文以目前建成的建筑物分布情形做调整。

2. 运河旁建筑物改善方案

因运河南面高楼建筑物产生的下切气流及角隅强风，使运河上方1.5米的风场受到影响，因而针对该街廓的建筑物拟订相关方案，以改善该处高楼强风。欲改善的街廓北临台南运河，目前土地使用为商业区。本文以目前建成的楼地板面积为基准，主要针对该街廓内的建筑物配置及楼高进行调整，配合目前建筑容积的限制及河岸景观的考虑，针对该街廓的建筑物进行方案模拟，比对目前风场，显示目前该地区的确受大楼风的影响。方案虽仍有部分气流影响运河上方的风场，但其影响与目前相比较低，预计海风流入研究地区时，可能已受运河西侧的建筑物所影响，因此虽针对安平国中旁的建筑物进行改善，但部分风流仍较难流入。从模拟结果来看，方案可以使此地风环境得到改善。

五　都市更新建设：滨水空间的都市更新开发计划

台南市早期的运河盲段（今中国城）船渠为渔船停泊的场所，然而后来由于泥沙淤积使得运河环境变得肮脏，也使台南运河不再具有航运与商业价值。为了解决运河的困境，台南市政府于1977年将运河盲段填平，兴建中国城大楼并希望能带动地方的繁荣发展。中国城大楼完工后成为当时台南市重要的商圈之一，然而后来受到经济环境与政府政策的影响，逐渐失去活力而没落，连带出现了环境肮脏的现象，成为社会治安的死角。台南市政府为了解决这样的情形，于近年来制订了许多相关计划，希望能使中国城与周遭地区恢复当年的荣景。这些计划除了中国城地区以外，将运河对岸的运河星钻地区一同纳入了规划范围，提出了整体的发展愿景，其中最主要的计划为《变更台南市中西区（中国城暨运河星钻地区）主要计划案》① 与《拟定台南市中西区（中国城暨运河星钻地区）详细计划案》②。

（一）《变更台南市中西区（中国城暨运河星钻地区）主要计划案》

基地位置位于台南市中西区的行政辖区范围内，包括中国城（1.86公顷）与运河星钻（10.96公顷）两个地区。计划区紧邻台南运河，形成重要的水域景观视觉焦点。而在土地利用方面，计划区周边以沿街商业与住宅为主，与运河水岸间的关系均有大幅改进的空间，计划区内的中国城地区则空间闲置，长期成为卫生及疾病防疫的漏洞。

本计划拟成为"永续、亲水、文化与观光大台南"的台南市愿景，解决中国城的社会安全与公共卫生等课题；改善目前中西区公共设施与开放空间不足的困境；有效利用闲置公有土地重拾旧市中心区再发展契机。具体做法是拆除中国城，改善地区环境与景观，开拓中正路盲段视野并连接运河星钻地区，进一步结合运河水上观光游船计划，将市中心观光动线整体延伸至安平港历史风貌园区，使该区成为水岸新地标及景观的典范。配合海安路艺术造街计划的推动，将人潮与活动引入，穿越中国城广场，与运河水岸连接，带动地区及周边文创园区整体发展等。

本计划的规划构想主要有以下四点。③

（1）实行大型开放空间规划，创造城市地标，改善景观与环境。通过在旧城区中植入大型公共开放空间，塑造城市新地标，提供市民活动与休憩场所，并从局部带动整体社区环境的改善，进而吸引活动、商业、休闲、观光人潮的流动，达到景观环境、经济发展、休憩质量的良性改善与循环，并使市民获得更加舒适的居住生活质量。

（2）配合相关计划进行区段空间规划与引入产业类型分析。依环境资

---

① 台南市政府：《拟定台南市中西区（中国城暨运河星钻地区）详细计划案》，2016。
② 台南市政府：《变更台南市中西区（中国城暨运河星钻地区）主要计划案》，2016。
③ 台南市政府：《拟定台南市中西区（中国城暨运河星钻地区）详细计划案》，2016。

源与区位特性，界定各区段空间的发展策略与功能定位，合理地进行产业、住宅与观光休闲设施等的使用分配。

（3）以都市设计与开发策略规范更新发展的新秩序。纳入设计规范理念，探讨空间发展规范与详细计划构想的整合。

（4）配合既有自然纹理环境，再造旧城开放空间新典范。本计划范围为运河星钻地区东北侧及运河边，保留既有生态环境地形、地貌的完整性与自然资源的丰富性，未来拟定详细计划将整体考虑生态资源的串联，现有生态资源区域避免因过度设计或建设而造成当前生态环境的破坏。

（二）《拟定台南市中西区（中国城暨运河星钻地区）详细计划案》

本计划区的行政辖区为中西区，位于运河转弯处的两侧水岸，与中正商圈相连接，其都市计划属特定专用区。整体空间发展构想以中正商圈活力的连接与延伸特性进行整体性构想的分析与引导。详细计划内容的主要发展目标包括结合运河水岸特色，强化与运河再生及中正商圈产业活化的结合，形成新的都市水岸地标。[①] 整合运河两侧水岸的"蓝环"再生计划，实为复苏都市功能，改善周边居住环境，并增进都市公共利益的重要空间再发展计划。本计划内容根据区位的特性在不同街廓单元内分别界定土地细分规模、建筑形态与居住质量的规范，以有效连接中正商圈，复苏城市记忆，以使本区成为台南市重要的亲水商业区再发展基地。

详细计划案的土地使用计划以划设商业区、观光休闲特定专用区为主，并引入复合型购物中心及水岸休闲商业区，采住商混合使用模式；高层规划观景住宅，提供地区性商业的基础需求服务。观光休闲特定专用区为配合未来基地结合运河水域开发使用的休闲商业功能，同时连接中正商圈，延续商业活动。观光休闲特定专用区的使用功能根据面临水域的关系、建筑的高度、区位的条件与使用的功能，分别给予不同的使用限制。公共设施用地主要是用来提供商业区与观光休闲特定专用区发展休闲商业的基础性公共服

---

① 台南市政府：《变更台南市中西区（中国城暨运河星钻地区）主要计划案》，2016。

务，并考虑运河沿岸绿化景观与动线连接的连续性、人行景观步道及自行车道的线性连接、蓝绿双环的整合等，以符合整体运河两侧水岸开放性意象与对外连接服务的功能。

都市设计规范在于落实基地的"水岸游憩、观光度假及休闲商业复合功能"，确保区内各类资源及公共景观的互动与和谐关系。除了带动中西区商业复苏与发展，还彰显了运河转角水岸发展区位，呼应并创造与现有市中心旧街区不同的商业形态与活动组合空间。此外，开创水岸视觉与活动的开放性，集中规划水陆多功能使用的开放空间，以强化公共利益与地产开发的联结与均衡价值，提升社会公益。

开放空间系统主要以运河为主体，延伸运河南岸带状公园、广场与公园道空间，使计划区能完整呼应运河节点的都市环境结构。对于临水岸的建筑高度，实行高度控制：为塑造沿水岸建筑空间的亲切尺度，面对水岸公园的观特区，自基地界线 20 米范围内，建筑物高度不得超过 5 层楼，且建筑物最大高度（包含屋顶突出物）不得超过基地地面（GL）起算的 20 米。

B.10
香港、澳门及大湾区：高效城市运营与管理、国际都会旅游与城市生态保护

倪孟正*

摘　要：　本文从香港及澳门的城市规划和交通角度，对其周边地区正在开发的大型基础设施进行了总体回顾。其目的是探讨旅游业和区域流动的快速增长，以及如何能够迅速转变并整合如香港及澳门这样的中国滨海城市发展模式，进而对大湾区的发展提出指引。本文还提出了城市韧性的概念。"韧性"（resilience）通常被认为是在系统不改变其基本功能或转移到不同状态的情况下，吸收外来冲击（如自然灾害）的潜力。本文的独创性及价值在于提供旅游和区域流动性（mobility）快速增长的相关性，以及这种巨大变化给旅游城市和其居民带来的长期转变。目前在大湾区及其周边地区正在开发的大型基础设施使区域间更好、更紧密地融合，也提高了往返城市的效率。因此，用韧性都市（包含建成环境）的观点来探讨高效城市运营与管理、国际都会旅游与城市生态保护，可视为一项突破。

关键词：　韧性都市　高效城市运营与管理　国际都会旅游　城市生态保护

---

* 倪孟正，美国加州大学戴维斯分校交通研究所博士，永利澳门及永利皇宫研究及策略规划行政总监，研究方向为城市规划、城市交通、土木工程。

一　背景

粦港澳大湾区（大湾区）范围包括香港、澳门两个特别行政区，以及广东省广州、深圳、珠海、佛山、惠州、东莞、中山、江门、肇庆九市。大湾区建设是国家发展蓝图一项重大战略部署，对国家实施创新驱动发展和坚持改革开放具有重大意义。其核心部分在于最大程度发挥各城市比较优势，进一步深化粦港澳合作，促成区域内的深度、有机融合，推动区域经济协同发展，将大湾区建设成宜居、宜业、宜游的国际一流湾区。

本文主要分析大湾区中香港和澳门这两个特别行政区，原因除了这两个地区具有特殊的发展历史特性，也考虑了香港和澳门同为滨海城市的物理特性。

香港作为大湾区内高度开放的国际化城市，是国际金融、航运、贸易中心，专业服务享誉全球，加上享有"一国两制"的双重优势，在大湾区建设中担当重要角色。一方面，支持区内经济发展，提升大湾区在国家双向发展中的角色和功能。另一方面，使香港优势产业更便利地进入大湾区市场，可开拓其发展空间，为大湾区的发展做贡献。

而澳门自 2002 年博彩市场自由化以来经济实现快速增长，近年来澳门的游客数量呈指数级增长。2012 年，澳门游客每年达到 2800 多万人次，为该地区带来约 380 亿美元的博彩总收入。2015 年，澳门游客人数进一步增加至 3070 万人次。作为一个面积仅为 30.5 平方公里，当地人口仅为 652500 人的小城市，澳门游客人数的快速增长导致地理密度高，并对其住宿和交通系统能力构成重大挑战。

为了确保理想的生活和旅游环境，并应对这些变化和挑战。香港、澳门和大湾区中其他城市，协调开展了几个大型基础设施的建设。为了加强区域之间的联系，提出了建设（或已经在建设中）各种大型交通项目。这些项目包括港珠澳大桥（Hong Kong-Zhuhai-Macau Bridge，HZMB）、区域铁路系统，以及澳门通往横琴岛附近的新海底隧道等。

过去几年，大湾区大规模和持续的基础设施发展不仅影响了澳门，也同时影响了香港和珠海，以及更广泛的珠江三角洲地区。因此，鉴于这些发展，本文提出了两个问题：第一，如何快速通过大型基础设施的大规模发展来改变大湾区的范围；第二，所有这些大型基础设施的发展在多大程度上受到旅游业增长的推动，以及它如何影响居民和游客的整体流动性。

针对这两个问题，本文对大湾区（珠三角）地区的区域交通和基础设施蓝图、相关政策以及主要的基础设施发展现状进行了广泛的回顾。同时参照了主要的规划和发展报告书，以及不同专业领域的学者参与的蓝图。另外，本文探讨了大型基础设施项目的主要规划因素，特别是关于它们对居民和游客的区域交通和流动性的影响，并参考了过去几年有关旅行行为的几项研究结果。

二　回顾大湾区的主要基础设施发展

（一）珠江三角洲协调发展规划研究

广东省住房和城乡建设部、香港特别行政区发展局、澳门特别行政区运输和公共工程秘书处共同参与的"大珠三角协调发展规划研究"① 于2009年发布。作为一项高层次的规划指导，该研究将香港定位为国际大都市及国际金融、贸易、航运、物流中心，并将澳门定位为全球旅游休闲中心。也根据具体功能和发展潜力对珠三角地区的其他主要城市进行了定义。

在整体土地开发概念方面，规划研究强调了"主空间布局协调"。珠三角被广泛定义为拥有5000万人口的地区，包括9个主要城市和4个主要大都市区。此外，该规划研究还涉及其他空间规划概念，如"一域三区，三轴四层"。

---

① Department of Housing and Urban-Rural Development of Guangdong Province，Development Bureau of Hong Kong SAR，Secretariat for Transport and Public Works of Macao SAR，"Planning Study on the Coordinated Development of the Great Pearl River Delta Township"，2009.

在交通发展方面，珠三角规划研究设想了高水平的区域内协作发展。该研究旨在定义一个"一小时交通圈"，其特点是在城市或大都市区，人们可以在一小时内通过使用不同的旅行方式在内部进入。为了支持这一愿景，特别强调了珠三角的五大运输系统计划，包括以下几方面。

（1）多机场系统，包括五个区域机场的开放（低空）空域，拥有共享资源、劳动力以及直升机运输系统。

（2）综合港口系统，通过运营商协调港口功能，并寻求提高货物转运效率等。

（3）区域铁路系统，进一步加强澳门与香港的联系，改善与港口和机场的多式联运。

（4）区域高速公路系统，旨在进一步连接广东与香港，澳门和其他邻近省份。

（5）水路客运系统，将充分利用水路运输和支持乘客的机动性，特别是在高峰旅行季节（如农历新年和其他内地长假期）。

（二）跨境旅行调查

除了珠三角城镇规划研究外，香港规划署从1999年开始进行跨境旅游调查，定期收集有关跨境旅游及旅行者特征的统计数据。而规划署在2011年10月28日至11月10日进行了跨境旅行的调查。题为《北行南行2011》的报告[①]介绍了2011年跨境旅行调查的结果，公布2011年及过去跨境旅行调查的统计数据。

由于香港、中国内地与澳门之间的地缘、文化和经济的紧密联系，多年来跨境旅游业务出现大幅增长。在2011年为期两周的调查期间，跨境旅客旅行次数为平均每日616500次，约为2001年357400次的1.7倍。同样地，根据行政记录，平均每日交叉量也迅速增加。陆地车辆旅行从2001年的每天3.1万次，上升到2011年的每天4.28万次。

---

① 《2011年跨界旅运统计调查》（2011年），规划署跨界基建发展组。

香港与澳门之间的跨境旅游是调查的重点之一，因为它已成为区域内旅游的主要部分。为期两周的调查期间，通过中国客运码头、港澳客运码头和屯门客运码头在两个方向的每日平均客运人次为54100人次，比2009年记录的每日平均46600人次增加了16.0%。

该研究根据其居住地点（如香港、澳门、内地）确定了四组不同的乘客进行分析，研究发现香港和澳门之间的大部分旅行是由居住在香港的乘客进行的。2011年，他们占所有旅行的61.6%。就趋势而言，居住在香港的人数实际上升了15.6%，由2009年的每日平均28800人增加到2011年的33300人。

而快速增长的群体是居住在内地的人士。2011年，内地居民在香港和澳门之间的旅客人数达到每日平均6900人，每日平均人数从2009年的5700人增加至2011年的6900人，增加了21.6%。值得注意的是，到澳门的出境旅行数量远远超过抵港旅程，这表明居住在内地的人从香港到澳门，然后直接从澳门而不是通过香港返回内地，这种情况很常见也符合内地人士的旅游特性。

旅行目的也记录在跨境旅游调查中。根据这项研究，很多居住在香港的人前往澳门休闲。2011年，前往澳门休闲的香港人中73.9%为休闲旅行，13.7%为探亲访友，8.6%为商务旅行。与2009年的调查相比，休闲旅行的每日平均人次增加了17.2%，从21000人次增加到2011年的24600人次。

（三）澳门远程运输总体规划（2010~2020年）①

一项由澳门交通事务局（DSAT）倡议以及国际运输顾问和专家参与的《澳门远程运输总体规划（2010~2020年）》于2010年完成。考虑到计划中的大型基础设施发展，这个交通总体规划不仅描述了未来的项目，还描述了这些大型项目开发如何影响旅游模式、生活环境，甚至澳门的经济。

澳门政府采用《澳门远程运输总体规划（2010~2020年）》作为政策

---

① 《澳门陆路整体交通运输政策构想（2010~2020年）》，澳门特别行政区交通事务局。

白皮书，逐步实施短期、中期和长期目标，包括 2012 年公共交通改造以加强公共通勤，2015 年开通轻轨，全面优先考虑公共交通，2020 年实现区域交通互联，实现绿色交通系统的愿景。澳门的几个主要基础设施如下。

1. 澳门轻轨（Light Rail Transit，LRT）

澳门政府采用整体公共交通网络概念，将轻轨视为支持公共巴士的交通枢纽，旨在为居民和游客创造更佳的通勤环境。澳门轻轨是一个 21 公里长的铁路网络，有 21 个车站，车程为 3~6 分钟，平均运行速度为 33 公里/小时，每个方向每小时最多可容纳 8000 人。

轻轨（LRT）系统的建设始于 2011 年，从凼仔段开始，然后是澳门（半岛）段。轻铁系统仓库的建设也于同年开始，这是该项目的一个重要里程碑。整个轻轨计划原本预计于 2015 年 5 月完成。但由于各种原因，包括劳工短缺及设计和程序缺陷，整个轻轨建设受到严重拖延。到目前为止，只有轻轨凼仔（Taipa）部分继续在建设中。由于劳工问题以及当地居民对其各个车站的设计和位置的强烈抗议，轻轨澳门段暂时停止。

尽管如此，澳门政府仍然相信轻轨凼仔段将于 2019 年开放。对于轻轨澳门段，由于其显著拖延，当地政界人士纷纷呼吁停止进一步建设。因此，一个合理的短期规划是半开发的轻轨系统，服务于整个凼仔岛（路凼金光大道所在地），但仅在一个终点（妈阁庙）连接澳门半岛。采用这种妥协的路线，游客和当地居民对轻轨的使用可能会受到影响。其他技术和设计问题可能会降低游客使用轻轨的意图。这包括轻便小型客车内的行李空间不足，以及所有轻轨站与不同度假村之间无法直接连接。最终，居民或游客对轻轨的使用将取决于目前围绕其发展的许多问题将如何解决。

2. 区域铁路系统

连接主要大都市区的珠江三角洲区域铁路系统目前广泛发展，其中一个重要部分是从深圳延伸到香港的高速铁路。由于需要在香港获得资金批准的问题，该项目目前被推迟。另一个重要部分是广珠城际铁路，其曾与澳门轻轨横琴延伸线连接，对于完成凼仔与珠海之间更加无缝的旅行接驳至关重要。自珠海机场网络建立以来，广珠城际铁路的发展将对澳门具有重要意义。目前该铁路的施工正在进行中，一旦完工，未来将有更多途径从中国内地进入澳门。

3. 港珠澳大桥（HZMB）

虽然澳门轻轨系统加强了澳门内部的运输，并连接了中国内地的铁路，从而促进了澳门与珠江三角洲地区的融合，但港珠澳大桥将成为另一个重要的交通枢纽。港珠澳大桥总长约29.6公里，包括6.7公里的海底隧道和两个人工岛屿，其将成为世界上最长的桥梁之一。港珠澳大桥的东端连接香港，而西端连接珠海和澳门。

港珠澳大桥的澳门着陆点位于澳门半岛的东北角。然而，该区域包括许多高层建筑和具有狭窄、复杂道路网络的高密度区域，也就是说，此着陆点周边环境不是适应港珠澳大桥交通预期的合适位置。港珠澳大桥于2018年10月竣工并投入运营。

预计港珠澳大桥将有车辆控制。私人车辆使用桥梁可能需要双重许可证（即香港—广州）并收取通行费。尽管如此，没有双重许可证的车辆可以申请一日通行证，以便按照每日配额使用港珠澳大桥。对于旅游穿梭巴士和车辆，可能会采用类似的控制系统，目前期望是每天都会有使用该桥的配额。但是，香港、澳门和内地政府仍在讨论许多车辆管制的政策。

4. 横琴岛的发展

横琴岛与澳门凼仔岛的地理位置相邻，可视为另一种重要的基础设施发展。2009年8月14日，中国国务院批准实施横琴全面发展规划，将横琴岛纳入珠海经济特区，旨在将横琴发展成为探索广东新型合作模式的示范区。

2009年12月16日，横琴新开发区正式成立，是继上海浦东和天津滨海新开发区类似开发之后的第三个国家级新开发区。从澳门的角度来看，横琴岛开发所采用的是定制、移民、检疫（CIQ）程序，将具有长远的战略意义，因为它确定了澳门边境沿线相邻开发项目之间的交通量和交通类型。CIQ管理将按照"放宽第一层次结构，控制第二层次结构，将乘客与货物分开，以及按分类管理"的原则实施。2013 年 4 月 11 日，由政府颁布《入境监督管理法》《横琴出口检验检疫》，CIQ 程序将横琴和澳门之间的港口描述为"第一层"，这意味着乘客只需要进行简单的 CIQ 流程。未来，横琴岛与澳门的过境点可以进一步简化，从而加快横琴岛与澳门的融合。连接横琴和珠海市中心的二级航线将采取措施，方便澳门车辆进入澳门地区，并对澳门产品免税。

5. 新凼仔渡轮码头

尽管铁路和公路基础设施取得了广泛进展，但澳门仍在继续大力投资，以扩大其处理海上交通的能力。在路凼金光大道附近新建的凼仔渡轮码头，经过多年的建设和推迟后于 2017 年第二季度完工。这个新航站楼将增加现在正在运营的临时设施，但也将支撑澳门半岛外港的主要旧渡轮码头，该港口已运营数十年。一旦全面投入运营，新凼仔渡轮码头将能够提供更多容量，以容纳从码头出发的乘客和乘坐渡轮抵达的乘客。新设施将设置几个多功能泊位，可容纳大型渡轮甚至游轮。它还将有更多的入境柜台和空间，每天可容纳 40 万名乘客。

上文广泛回顾了大规模基础设施的建设，区域的未来正在由几个大型基础设施的建设所决定，这些基础设施将在未来 10~20 年内实现。这些大型基础设施项目中的许多项目是为应对大珠江三角洲繁华都市区之间旅客和货物日益融合而产生的。

三 文献回顾

（一）区域旅行行为的趋势

本节回顾大湾区及其组成的主要大都市中，旅客的行为和流动性（mobility）的最新趋势和变化。该评价旨在将旅行者行为的趋势与上一节讨论的主要大型基础设施建设进行对比，并讨论两个因素的平行发展及其对后续中长期的可能影响。区域旅游行为的回顾主要来自两项研究，即 2011 年澳门交通事务局旅行调查（作者参与）和香港大学关于港珠澳大桥的研究。[①]

（二）澳门交通事务局旅行调查（DSAT 旅行调查）

为了解旅行者的行为、意图以及对正在进行的和计划中的大型基础设施的响应，澳门交通事务局（DSAT）在 2011 年进行了一次大规模的旅行调查。该调查收集了 2400 名受访者使用调查的信息。受访者包括由当地澳门居民（$n=1200$）和访客（$n=1200$）组成的团体。居民子样本按旅行类型进一步分类，即他们是否在澳门境内进行内部旅行（$n=900$），或者他们是否在境外跨境旅行以及在跨境旅行中旅行（$n=300$），他们是否经常乘坐汽车（$n=232$）越过边境（$n=68$）。另外，访客样本根据受访者的地区居住地［即来自香港和深圳（$n=496$）或其他地方（$n=704$）］进一步细分。

DSAT 调查主要针对的研究问题是：在所有大型基础设施（如澳门轻轨和港珠澳大桥）开放后，人们的旅行行为将如何变化？以港珠澳大桥为例，现有的渡轮服务与桥梁之间的使用竞争对于珠三角地区未来的交通规划至关重要。在一个假设的问题中，即询问人们打算在港珠澳大桥开放后如何旅行，54% 的游客和 66% 的澳门居民（非车主或旅行者）表示会继续使用渡轮作为一种交通方式，而一旦港珠澳大桥开通，只有 44% 的拥有汽车的澳门居民打算这样做。

在 DSAT 于 2011 年进行旅行调查时，大型基础设施的许多细节问题，特别是港珠澳大桥仍然不确定（例如，通行费、限速、进入澳门的私人车辆的入境许可规定等），调查受访者提供的答案仅针对假设性问题，并基于他们对港珠澳大桥和其他未来大型基础设施的有限了解。调查期间调查者没有向受访者提供任何信息。因此，一旦桥梁和其他基础设施变得完全可操作且经常使用，旅行者的实际行为、偏好和响应可能会发生显著变化。

[①] Y. Wu, "Economic Pricing Strategy on Hong Kong-Zhuhai-Macau Bridge", Unpublished master thesis, The University of Hong Kong, 2013.

除了使未来的港珠澳大桥作为从澳门出境旅行的选项之外，DSAT 2011年的旅行调查还探讨了澳门轻轨投入运营后澳门内部旅行模式的预期变化。调查结果显示，在澳门内部的交通和流动性方面，主要交通方式为步行的旅客可望成为轻轨的主要用户群。DSAT 研究预计，未来50%的轻轨用户将来自这群旅客，他们预计将从步行换乘，其余50%的用户将被吸引到公共巴士或赌场班车。

由于澳门轻轨的目的是成为未来澳门的骨干交通系统，现有的公共出租车和公共汽车，以及目前正在运营的众多赌场班车预计将成为轻轨铁路的补充。这个独特的赌场穿梭服务系统目前在澳门现有的交通网络中扮演重要的辅助角色，尽管是非正式的，但现在进行广泛的赌场班车营运将面临地方政府未来的重要审查。澳门 DSAT 政策方向基于的另一项研究（"拱北边境口岸交通优化"）是澳门交通事务局 2010 年研究的一部分。该研究通过设置固定停车位和增加停车位来规范赌场班车服务营业额，并在不太繁忙的走廊建立快速路线。澳门轻轨完工后，赌场班车服务和运营可能会受到进一步限制。目前的计划要求赌场班车在 2020 年之前不再直接到澳门的边境大门接载乘客，而是为各个轻轨站提供重要的支线服务。

（三）香港大学港珠澳大桥影响力研究

香港大学进行了一项研究，以评估港珠澳大桥开放后旅行行为的可能变化。该研究收集了来自香港、澳门和珠海等五个主要渡轮码头的旅客的 300份调查回复。该研究最值得注意的发现是，旅客在珠江三角洲旅行的平均自报时间约为 3.3 小时，一次旅行的总花费约为 344 港元。因为目前香港和澳门之间的渡轮旅程只构成一个完整旅行链的一段，所以花费的时间和金钱总额取决于出发地和目的地。

尽管如此，调查还发现，大多数受访者预计，一旦港珠澳大桥投入运营，行程持续时间会大幅缩短 1～2 个小时。大多数受访者还预计，如果他们使用港珠澳大桥而不是乘坐渡轮，总行程成本将下降 41～100 港元。这些数字对经济和行为的影响是旅客可能继续使用渡轮运输系统，乘坐渡轮的往返成本一般为 169 港元。如果要他们使用港珠澳大桥代替现有的渡轮运输，除非他们预期每次旅行平均节省 100 港元，否则不会这样做。

香港大学研究还调查了受访者在不同时间和不同成本节约情景下对减少总旅行时间与旅行费用的一般偏好。该研究中这一调查的目的是获得旅行者对价格与时间敏感度的估计值。该研究的结果表明，使用港珠澳大桥所节省的总旅行时间（time）和金钱成本（cost）的比例越多，旅行者更有可能优先考虑时间而不是金钱成本。这一发现意味着，港珠澳大桥将更有可能吸收频繁来往于香港和澳门之间的乘客，而不是前往或来自中国内地的乘客，因为使用港珠澳大桥所节省的时间对于来往于香港和澳门之间的乘客来说将明显占其总旅行时间更大的百分比。

四　分析方法

都市韧性（resilience）和建成环境（built environment）是本文主要用来评估都市效能的两个方法。

（一）都市韧性

我们生活在一个充满不确定性和挑战的快速变化的世界。随着越来越多的人从农村迁移到城市，以及技术的进步，城市不断被扩大。此外，随着所有部门的利益相关者和区域治理的参与，企业家精神、消费主义以及房地产为主导的发展将会出现大幅的增长，因此处理脆弱性变得更加困难（Eraydin and Taşan-Kok，2013）。风险和威胁来自经济、社会、自然资源和环境。人们逐渐意识到，只有通过不同城市功能和部门的连通性和相互支持，社会经济系统才能更好地应对意外干扰，实现灵活性和效率。

因此，韧性已成为城市规划领域的热门词汇，但是有各种各样的定义。韧性是系统在不改变其基本结构和功能或转变为质量上的不同状态的情况下吸收变化和干扰的能力。韧性被视为系统保持特定配置的潜力和重组干扰驱动变化的能力。韧性还被定义为城市从灾难中复苏的能力。抵御能力是指能够及时有效地抵御、吸收和从灾害的影响中恢复，保留或恢复其基本的结构、功能和身份。根据洛克菲勒基金会创建的"100个韧性城市"项目，韧性是指城市中的个人、小区、机构、企业和系统无论遇到什么样的慢性压力和急性冲击都能够生存、适应和发展的能力。

除了适应力的定义之外，近年来还开发了对适应力的定量测量。在适应力模型的建立工作中，地理空间数据被认为是非常重要的，并且可以用于对适应力水平的直接测量。测量适应力的另一种方法是系统体系（SoS）法。它涵盖所有特定地理位置的资源，通过识别空间的特征来识别资源之间的相互作用，然后通过检测那些材料交换以产生多个复杂的反馈。

（二）建成环境

为了解释建成环境，其中一种方法是采用"3D"模型——包括密度、多样性和设计三方面，该方法于1997年由Cervero和Kockelman提出。在以前的文献中，特定变量与3D相关联。例如，人口密度、就业密度和家庭密度与"密度"有关；土地使用的多样性、商场的面积和人行天桥的数量与"多样性"有关；人行道宽度、街区比例和街道密度与"设计"有关。除了3D之外，还经常考虑两个额外的"D"，即目的地可达性和距离。然而，后两个"D"更具个性化和出行特性。在表1中，总结了建成环境的定义和相关变量。

（三）建成环境与车辆使用的关系

除了建筑环境的定义之外，还有许多研究探索建筑环境与车辆使用之间的关系。对马里兰州蒙哥马利县模式选择的研究表明，发展程度和土地利用的混合模式显著影响了人们对独自驾车、拼车出行或使用交通设施的决策，而对城市设计的影响往往更明显。

一项研究使用了华盛顿州金县608名随机抽样受访者的自行车行为的原始数据，该研究结果表明主观和客观的环境条件都会导致骑自行车的可能性。靠近步行道的办公室及诊所、医院和快餐店是重要的环境变量。自行车道相关性（例如自行车道的存在与否）、交通速度和体积、坡度、街区大小以及公园，在客观测量时都是微不足道的。

　　另一项关于使用纽约市和香港的重型铁路系统作为案例，研究公共交通导向发展（TOD）影响的研究发现，不同维度的变量组合，包括土地利用、车站特征、社会经济和人口特征，以及多式联运竞争，对于解决铁路交通乘客的变化是非常重要的。车站特征似乎是影响平日铁路平均乘客量的最重要的因素。有趣的是，研究结果显示，汽车拥有量与铁路乘客量成正比，这表明较高的汽车拥有量可能与较长时间的运输过程中更多的接送。下车和停车换乘活动相关联。这项研究还表明，特定地方的因素对铁路乘客量也有很重要的影响。

表 1　建成环境的定义

建成环境		变量	文献
3D	密度	人口密度	Arnab *et al.*（2012）
		就业密度	Chandra *et al.*（2005）
		房屋密度	Chandra *et al.*（2005）Cervero（2009）
		以公共交通为导向的多户房屋	Cervero（2002）
	多样性	土地用途多样性	Cervero（2002）
		街区密度	Chandra *et al.*（2005）
		办公室面积（平方米）	Arnab *et al.*（2012）
		商场面积（平方米）	Arnab *et al.*（2012）
		休憩用地面积（平方米）	Arnab *et al.*（2012）
		人行天桥的数量	Cervero *et al.*（2009）
		学校、医院、公共图书馆、商场的数量	Cervero *et al.*（2009）
	设计	人行道的宽度	Cervero *et al.*（1997）
		街区比例	Cervero *et al.*（1997）
		街道密度	Cervero *et al.*（2009）
		自行车设施的密度	Cervero（2002）Chandra *et al.*（2005）
		街道的可步行性	Cervero（2002）Kevin（2003）
额外的 2D	距离	人行道与道路里程的比率	Cervero（2002）
		行程距离（公里）	Zhang（2004）
	目的地的可达性	换乘时间	Zhang（2004）

五　结论

"伴水而生"乃世界各城市发展的惯常轨迹，澳门在半岛及海岛的共伴效应下，也具有和世界所有滨海城市同样的发展潜力。尤其在近年中央确认澳门水权后，澳门政府也大力支持水岸开发项目。考虑到澳门为世界旅游休闲中心的定位，水岸的开发也和澳门整体都市发展及旅游产生关联。

本文首先概述了珠江三角洲地区的规划概念和蓝图，澳门是其中的一部分。本文还概述了区域交通规划和发展，以及澳门大型基础设施项目的现状。为了解这些新发展的影响，本文借鉴了近期调查旅行者行为的研究结果，包括作者参与的澳门交通事务局旅行行为调查。

总体而言，尽管基础设施的大规模发展将给澳门及其周边地区带来重大变化，但目前还不清楚珠三角地区的旅客（包括居民和游客）新的或现有的旅行模式是否会发生重大变化。这在很大程度上取决于成本和对旅行时间的影响，以及旅客的需求和使用习惯。即使在港珠澳大桥开通后，渡轮仍然可能成为整个珠江三角洲的主要出行模式。澳门新轻轨系统可能会满足现有的行人出行需求，对现有公共巴士及赌场班车服务的影响极小。轻轨只有经过数年的运营，才能开始履行其作为澳门骨干运输系统的预期功能。这当然还取决于其克服了目前面临的诸多延误。虽然旅游行为的变化总是需要时间，但对澳门大型基础设施发展的回顾并未指出，珠三角及其他地区内外居民的旅游行为有明显改变。

澳门旅游业目前正在强调推广大众市场和非博彩旅游，业界预计未来几十年的游客人数将增加至每年5000万人次。澳门旅游业的持续快速增长可能会严重影响澳门的基础设施承载能力，特别是在运输系统方面。虽然目前正在大型基础设施上投入大量资源以应对这种增长，但项目延迟等重大问题将削弱其改善和减少能力限制的效果。正如上述对近期旅行行为研究的回顾也表明，即使所有正在进行的大型基础设施按时完工，旅行者的行为也不会像计划希望的那样迅速改变。

很难预测旅行者未来的行为决定和对这些基础设施建设的行为反应，特别是如果正在进行的许多建设，在成本、经验和使用特征方面提供的细节很少。许多这些项目的估计成本、时间和使用能力都存在很大的不确定性。总体优先事项似乎是安装和建设，而不是为居民和游客提供更全面的旅行和交通决策。这种优先权似乎更多是由于需要应对日益增加的人口流动和旅行，以及长期持续这种情况的可能性。

一旦这些大型基础设施投入运营，其对澳门未来的影响将不足为奇。它们将永远改变城市的性质和特征，同时与珠江三角洲的其他地区实现更大程度的融合，并为其居民提供更多的交通选择和更大的机动性，同时也将通过许多其他方式增加城市的压力，而不仅是运输压力。

港珠澳大桥是中央大力支持的世界级工程，也是大湾区整合发展的重要基础设施建设。然而，大桥的开通也对澳门水岸的开发产生交互作用。港珠澳大桥落地点（即澳门半岛的衔接点）是否阻断了原有水岸开发计划？港珠澳大桥开通后，是否带动"澳门双港/码头合一"，从而进一步影响整体水岸的发展？以上均是值得探讨的议题。

B.11
澳门：世遗古迹保护、旅游中心
建设与港珠澳联结

朱 蓉 王伯勋 吴 维*

摘 要： 本文回顾了近年来澳门申遗成功、社会经济发展和城市产业
转型的现实背景与发展历程，针对澳门在后申遗时代世遗古
迹保护、城市旅游中心空间建设与规划、港珠澳联结所带来
的区域城市交通与协同发展等方面的新机遇与挑战，提出世
遗古迹的整体性保护、数字化管理、活化更新与线路串联，
提出以产业转型推动多元化旅游服务发展、文化遗产、旅游
产业、文化创意产业的良性互动，推动滨水旅游空间环境的
合理利用与开发，协调口岸节点及整合区域交通网路的相互
关系等，进而提出若干改善性建议。

关键词： 澳门 世遗古迹保护 旅游中心建设 港珠澳联结

一 引言

澳门特别行政区（以下简称"澳门"）位于中国东南沿海，地处珠江三

---

* 朱蓉，东南大学工学博士，江南大学设计学院教授，研究方向为城市文化遗产的保护与管理、
风景园林设计理论与方法、历史建筑的保护及利用；王伯勋，云林科技大学设计学博士，澳
门城市大学创新设计学院助理教授，研究方向为城市规划与设计、设计与文化研究、视觉传
达设计；吴维，澳门城市大学创新设计学院城市规划与设计博士研究生，研究方向为都市更
新理论与方法研究。致谢：本文得到澳门基金会资助（项目名称及编号：澳门滨海城市规划
及设计，MF1710）。

角洲的西岸，北邻广东省珠海市，西与珠海市的湾仔和横琴对望，东与香港特别行政区（以下简称"香港"）隔海相望，南临中国南海。由澳门半岛和凼仔、路环两个离岛组成的澳门，陆地面积32.8平方公里，截至2018年第二季度，居住人口达65.89万人。[①] 作为从16世纪中期到1999年葡萄牙管制下的一个重要港口和商业中心，在四百多年的城市发展史中，澳门凭借国际贸易发展中具有战略意义的港口城市优势，经历了从小渔村到国际化城市的成功嬗变。澳门素有"东方蒙特卡罗""赌城"等称号，但东西方文化融合共存的多元性以及留存至今的丰厚历史古迹遗产，也使这座城市具有独特的魅力。澳门的城市遗产至今保持着极高的原真性和美学质量，并成为中西方之间进行最早和最持久文化碰撞的独特见证。2005年澳门历史城区的申遗成功，使澳门的城市形象发生了新的转变，每年都有大量游客慕名到此，为城市的商业发展与经济提供了许多机会，也为其建设世界旅游休闲中心、可持续旅游业的发展提供了新的契机。近年来，随着"一带一路"倡仪的不断推进及港珠澳大桥的开通，澳门的城市空间建设与规划将不再仅局限于其内部，区域城市之间的协调与合作、产业联动等方面将成为未来的发展趋势，并提供新的机遇与挑战。

二 世遗古迹保护

作为中国历史最悠久的欧洲人聚居地以及亚洲早期贸易中转港口，澳门自16世纪中叶开埠建城至今，其城市街道的布局、演变、发展模式以及建筑的典型风格特征都代表性地表现出中西方在美学、文化、建筑与技术等方面的多元共存性。2005年7月15日，"澳门历史城区"[②] 被正式批准作为世

---

① 澳门特别行政区政府统计暨普查局，http：//www.dsec.gov.mo。
② 在南非共和国德班举行的联合国教科文组织第29届世界遗产委员会上，一致通过将中国申报的世界文化遗产"澳门历史建筑群"列入《世界遗产名录》。同时经国际古迹遗址理事会（ICOMOS）建议，缔约国同意和世界遗产委员会认定，将关联这一处世界遗产属性、范围和内涵的遗产地名称改为"澳门历史城区"。

界文化遗产列入《世界遗产名录》，并成为中国的第 31 处世界遗产。澳门历史城区所保留着的葡萄牙和中国风格的古老街道、住宅、宗教和公共建筑，见证了东西方美学、文化、建筑和技术影响力的交融。历史城区将古代中国港口与葡萄牙城市相连接，它是在国际贸易蓬勃发展的基础上，中西方交流最早且持续沟通的见证。它同时也开创了若干"中国之最"，如最早一批天主教堂建筑、最古老的教堂遗址、最古老的西式炮台群、最古老的修道院、最古老的基督教坟场、第一座西式剧院、第一座现代化灯塔、第一所西式大学、西式医院等。① 澳门的世界遗产代表了中国与欧洲文明在美学、文化、建筑与技术等方面对话交流的发展，同时也是城市文化记忆的重要载体，具有重要的历史与社会价值。经过几个世纪的变迁和城市发展，这些中西式历史遗迹依然保存完好，并在现代城市环境中交相辉映，延续着东西方文明交流互补、多元共生的城市文化内涵。

世界文化遗产的列入是澳门文化遗产与古迹保护的重要转折点。在澳门历史城区成功申遗后，文化遗产保护开始逐渐由传统的政府主导、自上而下方式发展成为政府、各部门和社会公众的广泛共识，为进一步推动文化遗产的保护工作创造了十分有利的条件。以"重在保护、合理利用"作为指导原则，不少功能退化或已遭废弃的澳门历史城区建筑遗迹陆续得到修复与改造，为各种旅游商业活动、城市公共文化生活提供了新的空间可能性。较为优秀的案例包括德成按、郑家大屋、望德堂坊新澳门演艺学院音乐系（原望德堂坊空住宅街区的再利用）、G32 Gallery 影艺廊（望德堂旧住宅的修复和再利用）、海事工坊 1 号、草堆街 80 号、恋爱巷电影院、饶宗颐学艺馆、鲁班先师木工艺陈列馆等。可以看到，在世界遗产的保护管理框架下，澳门不断借鉴和吸纳国际遗产保护的先进理念和实践经验，从对世界遗产的初步认识向努力遵循世界遗产规范进行转变，修复文化遗产的态度与方法日趋严谨，真实性提高。

然而，面对快速城市化背景与持续且急速的社会、经济发展热潮，世遗

① 《澳门世界遗产资料夹》，澳门文化局，2005，第 135～136 页。

保护在"后申遗"时代仍然面临着诸多新的问题。其中首要矛盾来自不断增长的国际化旅游、都市房地产建设发展的压力,世遗景区原本安宁的环境遭到破坏,同时也直接影响了澳门城市整体环境质量的提高与特色的营造。土地资源有限、建设密度加大、城市环境承载力不足与世界遗产保护之间不断产生尖锐的矛盾。① 同时,澳门历史城区景点保护与缓冲区外的规划发展也显得极不协调,作为澳门历史的见证,世遗周边地区——离岛的历史遗存也应受到重视和保护,并与遗产区的规划进行协调呼应。尽管澳门政府近年来已相继颁布《文化遗产保护法》②《城市规划法》③,并开展《澳门历史城区保护及管理计划》④ 的编制工作。但是,这些专项政策法规的相关实践要点以及相互衔接方面,尚有待在后期实施中进一步得到社会的认可和时间检验。未来的澳门世遗古迹保护需要继续对文物点的旅游管理和整体景观保护开展研究,并将对单体建筑遗产的保存逐步扩展到城市区域性、整体性的历史环境的保护,从关注历史遗产物质形态层面的保存方式到其非物质形态层面、综合动态的保护与管理过程中。发展方向主要包括以下几个方面。

(一)世遗古迹的整体性保护

遗产的整体性概念,是世界文化遗产保护组织在经历了多年的发展之后提出的一项基本原则,同时也是国际社会公认的确定遗产价值和保护目标的

① 例如"东望洋灯塔事件""下环街市事件""蓝屋仔事件"以及"望厦兵营事件"等。
② 《文化遗产保护法》于2014年3月1日正式生效,其中明确了文化资产的定义、保护范围以及文化遗产的评定程序及标准等,对澳门文物保护工作的执行和开展具有深远的意义。
③ 《城市规划法》于2014年3月1日正式生效,确定了城市规划的法律地位,形成了以总体规划和详细规划为核心的澳门规划体系,明确了城市规划委员会、土地工务运输局等机构的规划事权,确定了城市规划制定和实施的基本流程,并对公众参与、规划实施、规划修改与赔偿等方面做出具体设计。
④ 根据《文化遗产保护法》的规定,文化局近年逐步开展《澳门历史城区保护及管理计划》的编制工作,并于2018年初进行了《澳门历史城区保护及管理计划》第二阶段公开咨询,收集社会各界意见。目前已对相关意见进行整理及分析,并完成编制《澳门历史城区保护及管理计划——公开咨询意见总结报告》。

重要标准之一。① 根据联合国教科文组织世界遗产网站，澳门历史城区的世界遗产特性和价值主要体现在亲临大海与河道的重要历史港口城镇，并拥有独具特色的多元文化并存、交融的内涵（体现在城镇布局，建筑风格与技术，水道、水景和水运特征，视觉景观，以及若干独有的非物质文化遗产等方面）。② 因此，在未来的世遗保护过程中应特别注重对于占据重要视觉位置的古迹标志节点，例如大三巴、东望洋山、西望洋山（大炮台）、议事厅前地、妈阁庙、白鸽巢墓园等与城市天际线、水资源、山形各景观要素之间的空间组合形态关系，防止由于恣意建设对历史城区及周边地区突出特征所产生的影响和破坏。③

在实践过程中，对不理想的现状应加以严格控制或以适当可行的方式进行整治，对于新建建筑，在高度、体量、色彩、材质、风格、功能、密度等方面应通过景观影响评价制度和专项法规，进行严格的管控。同时，在物质形态层面对世遗古迹及其景观环境进行整体性保护的同时，也要注重与物质要素密切相关的非物质文化遗产，如民俗、节日、仪式、美食等，将它们作为一个整体加以保护，使澳门世界遗产及其古迹所承载的文化信息更加完整地传承下去。

（二）世遗古迹的数字化管理

历史城区的可持续发展是一项长期的、动态的过程，在超量的旅游活动和高强度的城市土地开发使用需求影响下，古迹保护与管理的难度会远远大于其他地区。为了更全方位保护世遗古迹的真实性、完整性价值，更好地进

① 2011 年 8 月在巴黎举办的联合国教科文组织大会上通过了《关于城市历史景观的建议书》，其中就特别强调城市发展框架下的城市遗产保护，提出将城市景观纳入地方发展进程和城市规划的手段和对策。这份决议也为澳门当前所面临的世界文化遗产历史城区的保护提供了非常有益的参考。参见 UNESCO，"A New International Instrument：The proposed UNESCO recommendation on the historic urban landscape"，2011. 11. 10，http：//whc. unesco. org/uploads/activities/documents/activity - 638 - 53. pdf.

② http：//whc. unesco. org/en/list/1110，2018 年 12 月 28 日。

③ 郭旃：《和世界遗产相关联的澳门城市规划》，《城市规划》2014 年第 S1 期。

行全过程的动态管控和调整，需要借助于先进的多媒体和虚拟现实等技术创新手段，进行世遗古迹遗产信息、保护管理技术、旅游管理系统的数字化实施。

在世遗古迹本体层面，可以利用当代测绘遥感和计算机虚拟现实技术，以数字化的方式将全部动产和不动产的世遗信息数据及相关的社会、历史、文化信息进行全面的系统记录，建立历史图文数据资料库平台，供保护、修复、复原以及学术研究和交流使用。另外，可以利用文化局或其他政府部门的官方网站，以及历史城区内空间标识系统和古迹景点数字展示系统等，进行世遗古迹的互联网平台建设和虚拟交互展示体验，为公众提供主题鲜明与形式多样的信息。在此基础上，还可以建设一整套澳门历史城区旅游管理的数字化技术流程和体系，对古迹景点资源保护、客流量、车流量、游客服务等进行信息化处理及动态监测。此外，在城市区域规划层面，可逐步利用"数字城市"的手段在区域规划和历史建筑遗产保护方面取得集中性的成果，在 3D 和动漫设计等新媒体艺术的数字创新设计方面取得进展。同时，借助 GIS/GPS/RS/VR 等先进技术，负责开展与城市空间研究和历史遗产保护有关的专项研究，以及建立专门用于城市遗产保护与复原方面的公共性数字化平台，并为澳门世界文化遗产编制总体规划及建设计算机信息管理平台。

（三）世遗古迹的活化更新与线路串联

"城市遗产是城市各个时代的积淀和总和，与此呼应的城市历史景观的另一个重要理念是承认活的城市的动态性质。"[①] 作为历史城镇型的世界遗产，澳门历史城区是具有现代城市化特征的生活区，使用功能突出，不能采用原封不动标本式的保护方式，而要紧密结合实际，在维持历史结构层次和文化景观的基础上，采用动态化、发展的视角，将保护与活化更新利用相结

---

① UNESCO，" A New International Instrument：The proposed UNESCO recommendation on the historic urban landscape "，2011. 11. 10.

合。通过古迹活化更新的方式进行历史城区世遗古迹的保护，既能够将建筑遗产再次融入社会和经济的发展中，同时也能更好地维系城市和历史发展的连续性，使建筑遗产成为与城市进行共同发展进步、不可或缺且极具活力的重要组成部分之一。

在结合澳门城市整体风貌环境保护以及历史文化资源整合要求的基础上，根据原建筑（包括其基地）自身的历史文化价值、建筑所处区域的功能需求、原建筑空间和结构潜力等方面，选择适宜功能，进行可适性再利用设计，从而充分发挥其商业和社会价值，促进历史城区文化遗产的可持续发展和提高公众的认同参与度。同时，在未来发展中，如果能将具有特色的古迹景点纳入历史城区后期的总体旅游规划之中，加以整合串联，形成不同主题的旅游专线（例如，以天主教及基督教的遗产路线，耶稣会纪念广场—大三巴牌坊—白鸽巢前地—东方基金会会址基督教坟场及教堂—圣安多尼教堂；以葡式建筑文化遗产为主题的旅游路线，亚婆井前地—圣老楞佐教堂—圣若瑟修院及圣堂—岗顶剧院—何东图书馆—圣奥斯定教堂—民政总署大楼—议事亭前地—板樟堂前地；以海洋文化为主题的相关景点线路，妈阁庙—海事博物馆—港务局大楼—航海学校）则能大大拓展历史城区古迹景点的步行游览线路，将目前游客单一、"快餐化"的旅游方式改善为更加丰富、多元化的游览体验。同时，也可以很好地缓解各景点游客密度严重不均，以及在旅游旺季和高峰期产生的交通、环境承载力等问题，更好地彰显澳门历史城区的整体特色与价值。[①]

三　旅游中心建设

澳门具有丰富的旅游资源，旅游业一直以来都是其支柱产业。自 1999 年 12 月 20 日回归以来，随着"赌权开放"和"自由行"政策的实施，澳门旅游业呈现爆炸式增长。2008 年，《珠三角改革发展规划纲要》首次把澳

---

① 朱蓉：《澳门世界文化遗产保护管理研究》，社会科学文献出版社，2015，第 191 页。

门定位为世界旅游休闲中心。2010年11月，时任总理温家宝访问澳门期间，提出"支持澳门建设世界旅游休闲中心"。之后，国家"十二五"和"十三五"规划中，均提出支持澳门建设世界旅游休闲中心。在此基础上，澳门行政长官崔世安在2012年施政报告中明确"推动经济适度多元"的发展目标。2017年，澳门旅游局颁布了《澳门旅游业发展总体规划》①，提出将澳门打造成为世界休闲旅游中心，创建宜居、宜业、宜行、宜游、宜乐的世界级旅游休闲城市。根据澳门特别行政区政府统计暨普查局《2017统计年鉴》的调查②，自2015年起，旅澳人数有3071.4万人，直至2017年最新统计结果有3261万人，旅游人数有逐年提升的趋势。其中大多以中国内地（68.1%）、香港（18.9%）和台湾（3.3%）等地旅客为主。特别值得关注的是以往不过夜旅客占多数，但自2016年起留宿澳门旅客呈现增长的情况，这也意味着能将旅客留住澳门，相对也能增加旅客的消费机会。在旅客平均逗留时间天数的调查中，以2017年为例，中国内地旅客平均逗留时间约为1.3日，中国香港旅客为0.9日，中国台湾旅客为1.1日，而菲律宾旅客有3.6日，越南旅客有5.7日，葡萄牙旅客有4.4日，呈现距离澳门越远的国家或地区留澳时间越长，而整体调查的旅客来自世界各地约有27个国家或地区，总平均留澳时间为1.2日，也就是至少平均会在澳门住上一晚。

另外，调查显示2015~2017年旅客总消费也有逐年增加的态势，2017年旅客总消费为6132.4万澳门元，留宿旅客总消费为4975.3万澳门元，不过夜旅客总消费为1157.1万澳门元，相较两者之间落差极大。整体旅客总消费方面，中国内地为468.9万澳门元，新加坡为184.8万澳门元，马来西亚为176.2万澳门元，日本为174.4万澳门元，中国台湾为158.5万澳门元，前述来自这五个国家或地区的旅客总消费金额最多。解读调查消费金额

---

① 《澳门旅游业发展总体规划》描绘和提出了澳门旅游业未来15年的发展蓝图和行政纲领，提出了包括旅游产业各个层面的总体目标、关键目标、具体策略和行动方案。参见http：//masterplan.macaotourism.gov.mo。
② 统计暨普查局：《2017统计年鉴》，澳门特别行政区政府统计暨普查局，2018，第159~160页。

部分，又可发现服饰为 10.8 万澳门元，手信为 25.2 万澳门元，化妆品及香水为 23 万澳门元，住宿为 48.5 万澳门元，餐饮为 39.2 万澳门元，经此可以了解时尚精品、手信礼品及餐饮住宿三大类，堪称澳门旅游经济的最大宗收入。同时，澳门受到城市土地资源及空间环境的制约，在未来的世界旅游中心建设与发展中，重新审视旅游资源过度负载、城市承载力有限、休闲空间以及人力资源和旅游服务供给短缺等问题，完善旅游城市规划与管理，提高访澳旅客的旅游休闲体验已显得十分重要。主要发展方向包括以下几方面。

（一）以产业转型推动多元化旅游服务发展

作为世界最大赌城和世界级旅游城市，博彩业一直都是澳门旅游的特色。然而，随着周边国家赌权限制逐步开放、内地经济环境及政策等因素，均对澳门博彩经济产生一定的影响。同时，澳门政府也意识到不能完全依靠"一业独大"的博彩产业来支持澳门的旅游经济，产业结构存在的单一与不均衡现象将对未来城市可持续发展产生不利因素，多元化、特色化和差异化是提升澳门旅游经济的策略。在这种产业升级转型背景下，澳门政府将城市定位逐步朝向世界旅游休闲中心方向发展，在传统"赌城"称号之外，继2005 年"世界文化遗产"，又于 2017 年获联合国教科文组织评选的"创意城市美食之都"称号，澳门的城市形象正逐渐发生转型。根据《澳门特别行政区五年发展规划（2016～2020 年）》（以下简称"五年发展规划"）[①] 内容所述，推动澳门经济适度多元，促进博彩业与非博彩业协同发展已是当务之急，如鼓励融入更多休闲活动、文化体验和商贸会展等服务，期待以博彩业发挥支柱产业的牵引效应，达到联合周边产业相互扶持的作用。澳门旅游局至目前为止已出台许多配套措施，如透过智慧行动装置建构旅游资讯，以及推出论区行赏的步行路线，除了分散游客能至各个不同的景点，希望依附在景点周边的商业活动，可以提升其特色进而展现出创意产业。当然，建设

---

① 澳门特别行政区政府建设世界旅游休闲中心委员会：《澳门特别行政区五年发展规划（2016～2020 年）》，http：//www.cccmtl.gov.mo，2018 年 10 月 20 日。

世界级的旅游休闲中心，最为根本的问题还是围绕在"产品"和"服务"能够以何种旅游内容吸引游客体验多元的城市魅力，这早已是邻近国家打造旅游产业的目标。日本、韩国和泰国等地都是亚洲地区重要的旅游地区，可以吸引游客前来观光，但还需要有服务品质，又如罗马在近期为解决观光大城"过度旅游"问题，依法将取缔吃相难看与深夜街头饮酒乱象等。商铺态度、乘车服务、社会治安和公共设施等，都是发展旅游产业时值得重视的层面，若能提升这些关键问题，相信澳门绝对可以成为精致型的世界旅游休闲中心。

（二）文化遗产、旅游产业、文化创意产业的良性互动

文化遗产、旅游、文化创意表面上分属三个不同领域，但三者的存在和发展始终有着相辅相成的关联。作为具有悠久历史积淀、多元文化交融以及重要的旅游城市，澳门在文化遗产、旅游方面具有独特的资源优势。同时近年来，澳门文化创意产业的发展受到政府和民间社团的高度关注和重视，具备良好的发展基础，大力发展以文化遗产为依托、以文化创意为核心的旅游经济，可谓得天独厚。反思前述关于五年发展规划中提及的拓展文化旅游重点工作，有关培育文化创意产业、深挖饮食文化资源、开发文化旅游产品三项重点项目，后两项已有明显成效，而在第一项的培育文化创意产业方面，澳门当局虽大力促进文化创意产业连接旅游产业，以借此拓宽文化旅游业发展空间，加强文化创意产品的开展，但实际上成果至今都未能显现。澳门文化创意产业现阶段的发展，主要缺乏经验、资本和市场认可，以及缺乏大型企业参与，不能形成产业领头作用，也没有行业标杆，难以形成产业聚集效应。

澳门世界文化遗产历史城区是澳门文化创意产业和旅游发展取得突破的重要方向之一，提升其文化产业的原创能力，发展其文化创意产业，是保持澳门世界文化遗产可持续发展的重要模式。未来澳门在旅游中心建设中，需要进一步加强对澳门文化旅游资源的发掘、整理、保护，加强旅游与文化产业的融合发展，以特色文化为主题。一方面，推进"文化旅游化"，即突出

文化品位，让游客真正体验到澳门世界文化遗产的历史、文化内涵。另一方面，实现"旅游文化化"，即把文化精髓充实和融入旅游资源开发和旅游的过程中，丰富旅游产品内涵，增加魅力。大力促进世界文化遗产保护、旅游产业、文化创意产业之间的良性互动，取得这三者的深度结合和共赢，从而提升澳门世界文化遗产服务经济社会发展的综合实力、旅游产业的质量和文化创意的创造力。[①]

（三）滨水旅游空间环境的合理利用与开发

作为滨水资源丰富的海岛城市，澳门的海岸与水域空间一直都是澳门城市旅游发展中的潜在优势资源之一。特别在 2015 年 12 月，中央政府将澳门周边约 85 平方公里水域管辖权划归澳门特区政府管理之后，澳门的滨水区域城市空间的规划与管理更是成为打造世界旅游休闲中心的重要拓展内容。如何合理利用与开发澳门现有历史与滨水城市空间，使之成为促进澳门旅游产业发展的亮点与名片，并有效参与"一带一路"建设[②]，发挥澳门作为"21 世纪海上丝绸之路"重要节点的独特作用，将是未来澳门城市发展所面对的重要问题。

一方面，需要充分认识澳门特殊的"山、海、城"景观价值特征，并将其作为世界休闲旅游城市竞争力因素加以保护，净化滨海水体环境、进行水质综合治理、保证生态海岸线的贯通和绿化带，整合海域特质肌理与滨海视景轮廓线，将分散的休闲带串联成片。除此以外，还需完善和增加海、河、湖岸地区滨水的连续公共开放空间，对现有滨水空间环境的旅游功能进行强化改造，增加城市景观、游憩空间及人性化服务设施等。在滨水旅游空

---

① 朱蓉：《澳门世界文化遗产保护管理研究》，社会科学文献出版社，2015，第 199 页。

② 自 2013 年以来，中央政府积极推动"一带一路"倡议，它是结合国内和国际经济形势的发展，通过加快西部省份发展步伐和利用西部地区古代丝绸之路与欧洲通商的理念，打造现代版的"丝绸之路经济带"和"21 世纪海上丝绸之路"，简称"一带一路"倡议。整个"一带一路"地域涉及我国境内的 18 个省、自治区、直辖市（包括西北六省、东北三省、西南三省、沿海五省和内陆一市）和沿线 65 个国家（东亚一国、东盟十国、西亚十八国、南亚八国、中亚五国、独联体七国和中东欧十六国）。

间环境的开发上，可适当增加水上活动、水上观光等旅游项目，以丰富旅游产品及提升旅游承载力。在区域合作层面，澳门也可通过发展海洋经济，加强与内地珠海、横琴的粤澳区域合作，以优良自然生态环境共同拓展休闲旅游元素，共同开发澳门路环至内港、横琴富祥湾至湾仔十字门水道，建设"一河两岸"综合旅游区，形成融合互补的澳门旅游休闲产业的连接区。

四　港珠澳的联结

广东省临海区域，特别是香港、澳门和深圳市、珠海市等城市，皆位于广东省的中南部，珠江流域下游，隔海与东南亚地区相望，陆海空交通便利且繁忙，堪称我国重要的门户之一。香港和澳门又因特殊的历史背景，既有传统的岭南文化，也形成带有英、葡欧洲文化色彩的城市特色，其环境属性为岛屿型的滨海城市。这些领衔的粤港澳大湾区滨海城市，因国家政策引领，未来将以"一带一路"为门户枢纽，持续影响着东南亚、中东和非洲等海上丝路沿线区域。反观从早期的"珠三角"发展缘起直至"粤港澳大湾区"相关政策，以及因此一政策的配套措施，最为显而易见的莫过于2018年10月23日正式通车的港珠澳大桥，预期让频繁来往三地的人士可较为便利且省时地抵达任何一地，缩短距离并促进交通动线其核心周边的发展，更有利于区域整合及互动。

经过6年的论证及9年的投入建设，港珠澳大桥成为世界最长的跨海桥梁，集合桥梁、人工岛和海底隧道一体的工程建设，许多施工方式和工程技术都是国内自主原创，也被称为世界七大奇迹之一。过去从香港到珠海的陆上交通时间，原需要三小时，如今最快只要半小时即可抵达。然而，开发基础建设是一切社会经济的基石，政府深信重大基础建设不会浪费，尤其是经由国家重要政策主导的工程，必定具有很大程度上的回响。除了代表政府投资之外，重要的是将一个区域里的城市联结、整合，增进彼此之间的合作关系，特别是香港、澳门这两处特殊的地理位置，还有因历史发展所产生的隔阂，能快速融入大中国一体的思维。更大的期待，有利于将城市周边的乡村腹地导向城市化发展，而创造加倍型的经济规模。根据许多相关报道，如美国《华尔街日报》、日本《朝日新闻》等皆指出港珠澳大桥开通是大湾区发展的重要前提，估计未来将超越纽约经济圈、东京经济圈，并且连接拥有约7000万人口的经济区域，预估将带来年总值达1.51兆美元。再者，相较世界三大湾区，粤港澳大湾区涵盖11座城市56500平方公里的土地面积，比纽约、旧金山和东京三个经济区的面积总和还大，故具有很好的前景。主要发展方向包括以下几方面。

（一）香港与澳门邻近内地依附关系

"一国两制"的治理方式在港澳地区成为典范，早期依附香港发展的深圳，也因改革开放成为经济发展快速、经济体量较大的城市规模，甚至成为全世界货柜吞吐总量持续排名在世界第三的位置，在贸易方面的表现已超越广州市。此一现况，改变以往深圳积极寻求与香港合作的姿态，现今深圳的蓬勃发展，实有逐步让香港反过身来思考和深圳一同发展的态势。然而，香港国际机场仍然是亚洲前往世界各大城市的重要枢纽，故可从深圳湾口岸或蛇口口岸通关直接前往，以及港珠澳大桥也可进行连接香港国际机场，这方面依然是香港在地理位置上的优势。反之，香港居民也可依循前述口岸前往内地，经双向往返交流，除了便利之余，更有利于两地共同发展并壮大区域经济的繁荣。有鉴于此，早在2009年，香港地区的重点高校之一——香港中文大学就研究了在深圳设立校园的可能性，尝试以学术场域建构两地互动的先例，并于2012年经由教育部批准后，于2014年在深圳龙岗区创建分校，以中外合作模式，移植香港中文大学数十年来的办学模式、管理机制和学术体系，致力于培育具有国际视野、中华文化和社会担当的创新型高层次人才。

澳门因地理面积狭小，城市土地能开发的范围极为有限，故常年采取填海造地的策略，再从历史发展的轨迹来看，澳门是一块不断长大的岛屿。邻近澳门的珠海，其地理位置与澳门半岛密不可分，拱北口岸更是进入澳门的重要关闸，导致澳门居民经常往返拱北和澳门两地，形成依附口岸型经济发展的城市模式。无论是物资、居住，甚至就业工作，还是内地游客前来澳门旅游，都使珠海的拱北成为两地居民的经济通道。为了舒缓拱北口岸的人潮，目前兴建中的粤澳新通道（又称"青茂口岸"）在未来建设完成后，将可解决拱北关闸通关人流压力。近年来，澳门的凼仔和路环等地，因多数的高级酒店坐落于此，成为支持澳门旅游经济的重要地区。随着澳门大学于2014年8月搬迁至珠海的横琴新区（正式名称为广东自由贸易试验区珠海横琴新区片区），巧妙地使横琴岛该部分地方变成澳门的租借用地，在国内范围实施澳门特区的法律，同时供应校区内的能源、通信、邮政和交通等，都还是由澳门负责。交通方面由人车两用的河底隧道连接澳门路凼地区，竖立高耸围墙也阻隔与横琴岛内的互动。横琴新区内的横琴镇，并未因澳门大学设置而带来额外的商机，反而是珠海长隆国际海洋度假区，坐落于横琴新区才得以让横琴的发展有了起点。横琴新区是2009年由中央机构编制委员会办公室批准成立，下辖横琴镇和3个社区等，其主力发展聚焦于金融商务、休闲旅游、文化产业、医疗保健、科研发展和创新技术等产业内容。横琴新区未来将与澳门成为密切的联动关系，无论是生活或工作都吸引着部分澳门人口逐步迁移至横琴新区。

（二）香港与澳门邻近内地交通网络

城市化发展过程中，普遍可见当地政府在决定土地用途之后，即刻展开路网的铺设、建构，诸如供汽车使用的道路，规划高承载的大众运输系统，以及便于跨地区的对外联系交通等，都是城市发展前需要落实的工作项目。香港、深圳和澳门、珠海等地区之间的交通网络关系，以及港珠澳大桥在营运后，都可能对粤港澳地区产生前所未有的冲击。同时有关交通网络对地区影响所涉及的课题，也是解析粤港澳三地未来在"一日生活圈"方面，便利和重新定义地区交通网络的必要讨论。

在城市规划的研究课题中，交通设计能显现对区域发展的影响。城市未来能否朝向更加便利联结的目标，甚至缩短人们移动的时间，还有衍生与物流成本有关等诸多社会问题，都是值得关注的议题。吴志强、李德华也认为，城市交通系统的目的是在永续发展原则下，实现城市中各种人员和货物有效自由的移动，这种移动一般是通过一定的交通系统来实现。[①] 《现代城市规划理论》一书中则提及要解决城市交通的问题，就必须通过私人交通系统大规模扩张，以及随之而来的基础设施的完善来进行，政府和市场的作用同样重要。[②] 《了解都市计划和街道规划》（都市计画とまちづくりがわかる本）一书指出现代化城市为应对车辆拥堵问题，已经实施道路维护以应对汽车通行能力的增加，但以日本经验而言，自 20 世纪 90 年代以来，为了解决城市地区的空间限制和财政限制，道路一直处于被有限度的开发状态，避免城市过度发展导致环境形态的破坏。[③] 由此可知，城市在"发展"与"不发展"之间的两难，已不是现今城市所面临抉择的问题，而是如何面对发展又能兼顾社会需求，并应时代背景营造属于服务大众的交通建设，进而符合社会经济成效且满足日常生活。总体上必须考虑城市整体形态，不因建设而造成景观上的破坏。

密集型的城市交通，除一般供车辆使用的道路，铁路和地铁可说是现代化城市建设的重点，也被视为全世界城市发展的重要指标之一。在粤港澳三个地区中，香港是最早有地铁的城市，早期部分路线，如观塘至石硖尾的路线兴建约始于 1972 年，完工后启用于 1979 年 10 月，之后又接续完成石硖尾至尖沙咀路线及尖沙咀至中环路线。如今的港铁公司则由香港地铁和九广地铁于 2007 年 12 月正式合并，地铁路线遍布香港岛、九龙和新界区。[④] 香港的地铁发展日渐稳健且符合社会期待，港铁公司的业务也逐步向外延伸，也曾参与深圳轨道交通四号线（龙华线）的建设。2018 年 9 月 23 日香港高铁正式通车，广深港高速铁路香港段，起点就在西九龙填海区香港西九龙站，止于深圳的边界，连接深圳福田站。深圳的地铁建设几经波折，地铁一

---

① 吴志强、李德华：《城市规划原理》，中国建筑工业出版社，2010，第 365 页。
② 孙施文：《现代城市规划理论》，中国建筑工业出版社，2005，第 129 页。
③ 伊藤雅春、小林郁雄、泽田雅浩、野泽千絵、真野洋介、山本俊哉，《都市计画とまちづくりがわかる本》，彰国社株式会社，2017，第 166 页。
④ 香港地铁：http://is.gd/8eZ4Yc，2018 年 9 月 15 日。

期工程则始于 1998 年 12 月，直至目前通车有八条路线①，其中的罗湖站近罗湖口岸可连接香港罗湖站，皇岗站近福田口岸可连接香港落马洲站，经由铁路或地铁对接方式，增加了两地口岸对接的便捷。澳门首条轻轨运输系统于 2012 年动工，预计凼仔段将于 2019 年通车，目前也由港铁（澳门）公司协助凼仔线通车及运行②，未来可望和珠海横琴口岸对接。澳门轻轨除工程一再延迟，尚有因铁路架空化而影响城市景观的疑虑，而且轻轨部分路段与高楼住宅邻近，几乎没有缓冲的距离，居民则忧心未来轻轨通车后可能产生的噪声。珠海的横琴新区正在建设珠海地铁 3 号线，拟定路线为横琴口岸至斗门白藤湖区域，而拱北口岸未来也将完成地铁 2 号线，拟定路线为拱北口岸至金鼎。③ 珠海市区至珠海机场城际线路④（又称"广珠城轨延长线"），自广珠城际珠海站出发，路线经过湾仔、横琴岛、鹤州南、三灶至珠海机场等，总线路全长 38.5 公里，未来规划在横琴站与澳门轻轨可以换乘，使澳门轻轨与珠三角城际铁路网可实现无缝接轨，进而完善澳门至横琴自贸区立体交通网。基本而言，香港、深圳和澳门、珠海等地区之间，除原本路网连接，以及透过高速客船的接驳，让这四座城市在湾区内可通行无阻，而众所期盼的港珠澳大桥正式营运后，通行时间较以往更短，形成连接粤港澳三个地区的重要捷径。

　　湾区地理环境因跨越海峡，对建造桥梁工程而言，有很高的难度。亚洲著名如日本东京湾跨海公路横跨东京湾连接神奈川县川崎市与千叶县木更津市，由东半侧的跨海大桥，以及西半侧的海底隧道结合而成，总长约为 15公里。东京湾跨海公路于 1997 年启用通行，当时因造价成本高，投入建造经费却未能如期回收，未能发挥预期带动人潮的功能，其原因也是由于通行费较高，导致用路人宁可绕道而行。反观港珠澳大桥的通行，其收费标准也是受到社会大众的关注。依据港珠澳大桥管理局公布的费用（人民币），小

---

① 深圳地铁：http：//www. szmc. net/ver2，2018 年 9 月 15 日。
② 香港地铁：http：//is. gd/Vydzh7，2018 年 9 月 15 日。
③ 中国珠海政府：http：//www. zhuhai. gov. cn，2018 年 9 月 15 日。
④ 中国中铁电气化局集团公司：http：//is. gd/e0lFGk，2018 年 11 月 10 日。

型客车（私家车、出租车）150元，大型客车（过境巴士）200元，穿梭巴士300元，货柜车115元，普通货车60元。① 其中穿梭巴士费用较高，普通货车较为便宜，这似乎有利于降低物流成本，当然也为前往香港搭机的旅客提供了另一种途径且时间更短。若是从澳门前往中环或是九龙等地，搭乘快船依然较为方便。除此以外，港珠澳大桥开通后，实质上意味着人的流动以及香港、澳门和珠海等地房产价格的变动，这些情形当然也会发生在上述的地铁站周边。根据相关研究指出，港珠澳大桥建成对澳门、珠海房地产业的影响大于香港，澳门、珠海的房地产业辐射范围会更大，对香港居民的吸引力更强。② 尤其是珠海地区的许多房产从业者也认为此一交通效益，确实可能带动地区房价，甚至效益也会延伸至横琴新区，对于珠海未来发展而言，持有相当大的信心。另外，对于珠海旅游业也会造成一定程度的促进作用，如公共交通、接待服务和产品创新等，都是未来所要面对的课题。③

（三）港珠澳大桥连接城市未来展望

香港、澳门、深圳和珠海等城市，除地理位置的邻近关系，实际上也是相互依存、各取所需，彼此之间除竞争外也有合作，未来更是粤港澳大湾区的前哨站，具有领航的意义。《粤港澳大湾区合作策略与香港未来》一书指出，世界三大湾区分别为东京湾区、纽约湾区、旧金山湾区，若与之相较，粤港澳大湾区在面积、人口总量、机场游客量、集装箱输送量、著名高等院校数量等指标上具有优势。④ 粤港澳大湾区的未来前景，不应是与这些国际湾区做比较，而是以自身各城市的集群概念，凸显城市之间的差异和优势。在不断扩大内需市场之外，也建构属于中国式的特色湾区，自然而然所产生的优势，便是以后朝向全球化迈进的动力。

---

① 港珠澳大桥管理局：http://www.hzmb.org/cn/default.asp，2018年9月16日。
② 陈章喜、毛玥：《香港、澳门与珠海房地产业变动比较：港珠澳大桥影响视角》，《产经评论》2018年第1期。
③ 王志刚、林瑶鹏：《港珠澳大桥开通背景下珠海旅游产业的发展策略研究》，《当代经济》2017年第19期。
④ 方舟：《粤港澳大湾区合作策略与香港未来》，香港城市大学出版社，2018，第114页。

香港、澳门、深圳和珠海等城市之间，其特殊关系备受世人关注，其因为"一国两制"在粤港澳大湾区内形成一股强大的经济力量，但却又是截然不同的治理方式与城市定位，如香港长期以国际金融中心、服务业和航运做城市发展；澳门拥有独立经济体系，以旅游业和博彩业为重要产业；广东省则以制造生产为领航；而深圳又号称是我国创新科技的摇篮；珠海则是以优质教育、环境优美和宜居生活为发展目标。这些在湾区周边的城市，全部通过交通基础建设联结，整合成类似跨域型的经济特区。世界上也鲜少像这样的地理环境，特区城市之间以口岸作为联结，且依附口岸之处，形成交通节点又兼具商业经济发展的条件，此一巧妙之处在粤港澳大湾区发生。因此，欲要了解珠三角地区的发展，口岸节点及交通网路的相互关系，必定是带动人流与资金流的驱动力。未来更要思索如何更加便捷、快速地通关，以提升区域之间整合的力度。

五　结语

澳门在后申遗时代除致力于世遗古迹的全面保护，还利用这些分布在历史城区的各个遗产建筑进行旅游路线的规划、引导，如澳门旅游局所设置的论区行赏步行路线，就是希望能引导游客深度体验历史城区的魅力。但是，目前大多数游客仍集中在议事亭前地到大三巴牌坊这一带，主因是此路段除既有的遗产建筑之外，还有购物和饮食等最基本的旅游活动支持，形成难以撼动游客选择其他路线的现象，主要还是旅游消费仍是参访路径时的考虑因素，最终导致旅游路线的规划必须依附周边商圈来进行总体设计。相辅相成的需求模式，已经是澳门历史城区旅游活动的现状，所以如何提升或促进景点周边的商业形态，或许也是思索历史城区规划旅游活动的考虑之一。除此之外，也有部分游客是为寻找媒体报道的知名景点，如电影或戏剧场景中的各种景象，其构成旅游活动不可忽视的力量，如"十月初五街""路环市区"等，都是游客选择的最佳路径。倘若能善用影视媒体的传播，也可使其成为营造澳门旅游活动的一种策略。

　　港珠澳三地随着跨海大桥的通行，彼此间的交流将更加便利，建构交通网络绝对是区域之间发展的重要环节。港珠澳大桥不仅是一座桥梁，也是一条区域经济的连接线，中间的桥塔造型则象征中国绳结，联系着"一国两制"的区域特色。广深港高铁与港珠澳大桥两条重要的交通动脉投入运营后，不仅扩大了大湾区的发展空间，也加速大湾区总体建设的实现。但也正如外媒报道所提及的，区域之间除交通流动外，更多是政策的相互适应及调整，如三地有各自的货币和金融体系，需要以特色金融结合制度创新，才能突破以往僵化的法条规章。这方面已可见到民间逐渐采纳人民币与港币、澳门币作为同等汇率的消费。另外，口岸通关方式可以说是一种治理的管道，如何能更加有效率、便捷地提升人流过关，需要研究拟定政策及配套，让三地的生活、商务和旅游紧密接轨，满足"一日生活圈"的经济效益，这将是未来需要面对的机遇和挑战。

附　　录

Appendix

B.12

中国滨海城市发展大事记
（2012～2018）

尹晓昕　赵晓铭　梁惠兰*

一　滨海城市总体大事记

2012年4月，在2012低碳城市与区域发展科技论坛中，"海绵城市"概念被首次提出。

2012年9月，《全国海洋经济发展"十二五"规划》（以下简称《"十

---

* 尹晓昕，瑞典皇家工学院工学硕士，华南农业大学林学与风景园林学院城乡规划专业教师，研究方向为城市更新与人居环境研究、可持续性及绿色生态设计研究、轻型木结构体系和新型装配式木设计与技术研究；赵晓铭，华南理工大学城市规划硕士，华南农业大学林学与风景园林学院城乡规划专业教师，研究方向为城市规划与设计、建筑设计、风景园林；梁惠兰，华南农业大学城乡规划专业学士，华南农业大学林学与风景园林学院研究生，研究方向为风景园林与规划设计。

二五"规划》）提出优化海洋经济总体布局，发挥环渤海、长江三角洲和珠江三角洲三个经济区的引领作用，推进形成我国北部、东部和南部三个海洋经济圈。

2012 年 11 月，十八大报告提出建设海洋强国，将从海洋资源开发、经济发展、科技创新、生态文明建设、权益维护等方面推动海洋强国的建成。

2013 年 7 月，中国社会科学院公布《城市蓝皮书：中国城市发展报告（No. 6）》，2012 年度城市科学发展指数综合排名前 10 位的城市依次为：深圳、北京、上海、广州、杭州、厦门、青岛、佛山、珠海、宁波。

2013 年 10 月，习近平主席在印度尼西亚国会的演讲中表示：中国政府将设立中国—东盟海上合作基金，发展好合作关系，共同建设 21 世纪"海上丝绸之路"。

2013 年 12 月，《海绵城市建设技术指南——低影响开发雨水系统构建（试行）》以及仇保兴发表的《海绵城市（LID）的内涵、途径与展望》对"海绵城市"的概念给出明确定义。

2014 年 12 月，根据习近平总书记关于"加强海绵城市建设"的讲话精神，国家开展中央财政支持海绵城市建设试点工作。

2015 年 3 月，《推动共建丝绸之路经济带和 21 世纪海上丝绸之路的愿景与行动》中指出，将上海、天津、深圳等打造成为引领服务贸易畅通的中心城市样本点。

2015 年 4 月，首批海绵城市建设试点城市公布，分别是迁安、白城、镇江、嘉兴、池州、厦门、萍乡、济南、鹤壁、武汉、常德、南宁、重庆、遂宁、贵安新区和西咸新区，其中嘉兴、厦门等为沿海城市。

2016 年 1 月，国务院印发《关于同意在天津等 12 个城市设立跨境电子商务综合试验区的批复》，同意在天津市、上海市、重庆市、合肥市、郑州市、广州市、成都市、大连市、宁波市、青岛市、深圳市、苏州市 12 个城市设立跨境电子商务综合试验区。

2016 年 4 月，海绵城市试点竞争性评审会议公布了北京市、天津市、大连市、上海市、宁波市、福州市、青岛市、珠海市、深圳市、三亚市、玉溪市、庆阳市、西宁市和固原市 14 个第二批海绵城市建设试点,其中天津市、大连市、上海市、宁波市、福州市、青岛市、珠海市、深圳市、三亚市等为沿海城市。

2016 年 10 月,国家海洋局和财政部确定天津滨海新区、南通、舟山、福州、厦门、青岛、烟台、湛江 8 个城市为首批海洋经济创新发展示范城市。

2017 年 3 月,海洋局表示发展海洋经济要重质先于重量,沿海城市的发展要做好海洋文章。要充分挖掘各地的海洋历史文化,突出体现海洋城市与其他城市的区别。

2017 年 3 月,北京等 20 个城市被列为第一批城市设计试点城市名单,其中包括沿海城市山东省青岛市和东营市,江苏省南京市和苏州市,浙江省杭州市、宁波市和义乌市,以及广东省深圳市和珠海市。

2017 年 5 月,《全国海洋经济发展"十三五"规划》(以下简称《"十三五"规划》)提出以区域发展总体战略和"一带一路"建设、京津冀协同发展、长江经济带发展重大战略为引领,进一步优化我国北部、东部和南部三个海洋经济圈布局,形成海洋经济全球布局的新格局。

2018 年 5 月,澳门城市大学举行中国滨海城市规划及设计论坛暨环境景观发展学术研讨会,以落实城市发展的基础为主题,提供对话平台,了解近现代城市规划发展的脉络,讨论"滨海城市"等核心议题。

2018 年 11 月,21 世纪海上丝绸之路国际智库论坛以"中国对外开放与 21 世纪海上丝绸之路"为主题,围绕"一带一路"与全球治理、粤港澳大湾区建设、国际产能合作、国际环境变化与中国的选择等议题进行研讨。

二 三个海洋经济圈发展大事记

(一)北部海洋经济圈

北部海洋经济圈由辽东半岛、渤海湾和山东半岛沿岸及海域组成。

1. 辽东半岛沿岸及海域

2012 年 9 月，《"十二五"规划》指出，辽东半岛要打造具有地域特色的东北亚黄金旅游线路，加强主要港口和集装箱干线港建设，形成以大连港、营口港为主要港口，锦州港、丹东港为地区性重要港口，葫芦岛港、盘锦港为一般港口的总体发展格局。

2015 年 7 月，辽宁省 6 座沿海城市全部实现口岸对外开放。

2. 渤海湾沿岸及海域

2012 年 2 月，河北省沿海地区总体规划的战略定位为立足渤海湾、面向东北亚、对接京津冀、服务蒙晋陕，建设中国转变经济发展方式的综合试验区，打造中国东出西连的大通道。

2012 年 9 月，《"十二五"规划》提出，推进重大旅游项目建设；建设大型海洋水产品加工基地和物流中心；大力发展休闲渔业；加快盐田改造；推进形成海水淡化及综合利用、海洋化工循环经济产业链；重点发展海洋新兴产业；大力发展航运金融业务；构建海洋文化产业集聚区。

2014 年 3 月，河北省实施沿海开放带动战略。以黄骅港为依托，以渤海新区为龙头，带动冀中南广大经济腹地，将沧州建设成为河北的经济隆起带以及新的沿海宜居文化之城。

2018 年 10 月，河北省颁布提高城市国际化建设水平实施方案，提出秦皇岛、唐山、沧州建设国际港口城市和现代化沿海城市。

3. 山东半岛沿岸及海域

2012 年 9 月，《"十二五"规划》提出，构筑以青岛港为核心，烟台港、日照港为骨干，威海港、潍坊港、东营港、滨州港为支撑的东北亚国际航运综合枢纽；重点发展高端海洋旅游业；重点发展全国重要的海洋文化和体育产业基地；重点发展青岛造船和海洋工程装备制造基地；重点发展海洋新兴产业，推进可再生能源基地建设；推进海洋经济新区和青岛中外合作园区建设，建设沿海生态廊道等。

2015 年 6 月，山东省出台《推动共建丝绸之路经济带和 21 世纪海上丝绸之路的愿景与行动》实施方案，充分发挥青岛、烟台海上战略支点和青岛、威海、日照新亚欧大陆桥主要节点城市的作用。

2017 年 5 月，《"十三五"规划》提出，重点是打造"海上粮仓"，着力打造现代港口集群，发展高端海洋旅游业，推进国家浅海综合试验场建设等。

（二）东部海洋经济圈

东部海洋经济圈由江苏、上海、浙江沿岸及海域组成。

1. 江苏沿岸及海域

2012 年 9 月，《"十二五"规划》提出，实行江海联动，加快打造以连云港港口为核心的江苏沿海港口群；培育东部旅游新基地和生态休闲旅游带；打造新型高端海洋船舶工业带；重点建设泰州、连云港、大丰、启东海洋生物产业基地。

2017 年 5 月，《"十三五"规划》提出，实施陆海统筹、江海联动，建设以连云港、南通港及沿江主要港口为主枢纽；积极研发海洋高端船舶及配套设备，积极培育海洋文化创意产业；统筹陆海环境保护与防治。

2018 年 3 月，国家海洋局提出将浙江作为全国第一个全局"湾长制"试点省份推向全国。

2. 上海沿岸及海域

2012 年 9 月，《"十二五"规划》提出，推进上海国际航运中心建设；大力发展航运服务业，探索建立国际航运发展综合试验区；加快发展上海北外滩、陆家嘴、临港新城等航运服务集聚区；加快发展邮轮产业；结合发展休闲渔业，积极倡导生态、健康型水产养殖。

2017 年 5 月，《"十三五"规划》提出，提升国际枢纽港对长江流域的服务能力；加强长江口、杭州湾近海海域污染综合治理及生态保护。

3. 浙江沿岸及海域

2012 年 9 月，《"十二五"规划》提出，着力构建大宗商品现货交易平台、海陆联动集疏运网络、金融和信息支撑系统"三位一体"的港航物流服务体系；建设我国大宗商品交易中心。

2017 年 5 月，《"十三五"规划》提出，努力打造"一带一路"和长江经济带战略支点。加快建设平潭国际旅游岛、海峡西岸高新技术产业基地、现代服务业集聚区、海洋经济示范基地和国际知名的海岛旅游休闲目的地。

（三）南部海洋经济圈

南部海洋经济圈由福建、珠江口及其两翼、北部湾、海南岛沿岸及海域组成。

1. 福建沿岸及海域

2012 年 9 月，《"十二五"规划》提出，积极拓展闽台旅游合作，共同打造"海峡旅游"品牌；加强厦门港集装箱干线港建设；积极培育海洋文化创意产业。

2014 年 10 月，习近平总书记主持的"新古田会议"，福建龙岩市提出"东张西望"的发展战略。"东张"就是要向沿海走，打通出海口，把沿海和山区连起来。"西望"就是往西加强与赣南等地的对接。

2014 年 11 月，习近平总书记到平潭考察，提出"平潭综合实验区是闽台合作的窗口，也是国家对外开放的窗口"的"两个窗口"战略定位，赋予了平潭在祖国和平统一大业和对外开放全局中的重大使命。

2015 年 11 月，颁布《福建省 21 世纪海上丝绸之路核心区建设方案》。支持泉州市建设 21 世纪海上丝绸之路先行区，支持福州、厦门、平潭等港口城市建设海上合作战略支点。

2016 年 8 月，《平潭国际旅游岛建设方案》使平潭成为全国具有"实验区＋自贸试验区＋国际旅游岛"叠加的优势区域。

2017 年 5 月，《"十三五"规划》提出，加强与"21 世纪海上丝绸之路"沿线国家和地区的交流合作，全面提升"海峡旅游"品牌；积极培育海洋文化创意产业；构建以沿岸河口、海湾、海岛等生态系统及海洋自然保护区条块交错的生态格局。

2. 珠江口及其两翼沿岸及海域

2012 年 9 月，《"十二五"规划》提出，加快广东横琴岛开发建设，建设粤港澳地区的区域性商务服务基地、与港澳配套的国际知名旅游度假基地、珠江口西岸的区域性科教研发平台、融合港澳优势的国家级高新技术产业基地。

2014 年 12 月，珠海市横琴新区、中山市翠亨新区、江门市大广海湾经济区成为粤澳合作的广东"三大平台"，推进粤澳合作进入快车道。其中，横琴为粤港澳紧密合作示范区，翠亨为粤澳全面合作示范区。

2015 年 1 月，"一带一路"倡议助力广东加快建设"海洋强省"。

2017 年 5 月，《"十三五"规划》提出，携手港澳共同打造粤港澳大湾区，加快建设开放包容的世界级城市群；开辟海上丝绸之路旅游专线；推进珠三角港口协调发展；打造世界级港口群。

2017 年 10 月，广东提出全力推进美丽海湾建设，形成生态美、景观美、产业美、文化美、宜居宜业、人海和谐的海湾新格局。惠州市是广东美丽海湾建设试点。

2018 年 9 月，《广东省促进全局旅游发展实施方案》提出优化全局旅游大格局。加强规划统筹，优化"一核、一带、一区、一湾"全局旅游发展空间布局。

3. 广西北部湾沿岸及海域

2012 年 9 月 16 日，《"十二五"规划》提出，建设广西北部湾沿海港口，完善交通基础设施；发展海上运动休闲旅游，建立环北部湾滨海跨国旅游区。

2017 年 5 月 4 日，《"十三五"规划》提出，推动国家级海洋牧场示范区建设；将广西北部湾港建成面向东盟的区域性国际航运枢纽；构建中国—东盟海洋旅游合作圈。

4. 海南岛沿岸及海域

2012 年 9 月 16 日，《"十二五"规划》提出，加快海南国际旅游岛建设，积极开发特色旅游项目；重点建设海口、洋浦、八所等港口，完善港口功能和配套设施。

2015 年 3 月，《推动共建丝绸之路经济带和 21 世纪海上丝绸之路的愿景与行动》中提出，加大海南国际旅游岛开发力度，加强海口、三亚等沿海城市港口建设。将海南省打造中国旅游特区作为参与"一带一路"建设的重要突破口，建成世界一流的精品旅游目的地。

2017 年 3 月，《海南省全局旅游建设发展规划（2016～2020 年)》提出，18 个市县将建成"国家全局旅游示范区"。

三　重要城市发展大事记

天津

2012 年 9 月，以"生态城市建设与体制机制创新"为年度主题的第三届中国（天津滨海）国际生态城市论坛暨博览会在滨海新区开幕。

2013 年 1 月，东疆保税港区获得商务部授牌，成为国家进口贸易促进创新示范区。

2014 年 12 月，国务院批准天津建自由贸易园区。

2015 年 4 月，中国（天津）自由贸易试验区挂牌，是我国北方第一个自由贸易试验区。

2015 年 7 月，天津自贸区首个"24 小时自助办税服务区"投入使用。

2016 年 4 月，天津市获批第二批海绵城市建设试点，中新天津生态城成为两个试点片区之一。

2016 年 12 月，正式启动滨海新区 2049 远景战略规划。

上海

2012 年，上海迪斯尼度假区、东方梦工厂、前滩国际商务区等重点区域的开发建设加快推进。

2013 年 7 月，国务院常务会议通过《中国（上海）自由贸易试验区总体方案》。

2013 年 9 月，中国（上海）自由贸易试验区揭牌。

2015 年 4 月，中国（上海）自由贸易试验区扩展区域揭牌。

2015 年 5 月，将"大力实施创新驱动发展战略，加快建设具有全球影响力的科技创新中心"列为 2015 年重点调研课题。

2015 年 10 月，《进一步推进中国（上海）自由贸易试验区金融开放创新试点，加快上海国际金融中心建设方案》印发。

2015 年 11 月，中国首款按照最新国际适航标准自主研制的干线民用飞机 C919 大型客机首架机在中国商飞公司总装下线并完成正式交付。

2016 年 11 月，上海自贸试验区新一轮金融改革启动。

2017 年 3 月，"上海市跨境电子商务示范园区"在外高桥保税区揭牌。

2018 年 7 月，上海服务国家"一带一路"倡议的"桥头堡"作用正在日益彰显。

广州

2012 年 2 月，市政府通过《广州市穗港澳合作"十二五"发展规划》，将南沙 CEPA 示范区、白云粤港澳台合作试验区、广州南站粤港澳合作先行先试区列为穗粤澳重点合作项目。

2012 年 4 月，中国智慧城市论坛主办方授予广州等 7 个城市全国"智慧城市领军城市"称号。

2012 年 9 月，新型城市化发展"1 + 15"系列政策文件详细明确广州各大区域的功能定位及发展策略。南沙滨海新城将建成粤港澳优质生活圈，东部山水新城则拟建成宜居新城区。

2012 年 11 月，国家文物局正式公布重新设定的《中国世界文化遗产预备名单》。广州南越国遗迹和海上丝绸之路史迹榜上有名。

2013 年 1 月，《广州南沙新区城市总体规划（2011～2030 年)》提出，南沙将成为地铁线网密布的新型滨海新城。

2013 年 8 月，南沙新区总体规划获市规委会通过。

2013 年 9 月，广州首个占地面积 116 平方公里的省级地质公园落户增城。

2014 年 4 月，《广东省森林公园和湿地公园建设规划（2013～2017年）》颁布施行。广州未来 3 年共建设 39 个森林公园。

2014 年 7 月，广州打造新兴产业发展战略性平台，提出"1 + 1 + 9"的全市电子商务与移动互联网集聚区总体规划布局。

2015 年 4 月，中国（广东）自由贸易试验区挂牌仪式举行。

2015 年 7 月，"复兴世界的十三行——海上丝路文化旅游区起步区启动暨战略合作签约仪式"举行。

2015 年 8 月，广州市政府公布《中国（广东）自由贸易试验区广州南沙新区片区建设实施方案》。

2015 年 12 月，广州市城市规划勘测设计研究院与北京大学建筑与景观设计学院签约共建"绿色基础设施实验室"。

2016 年 1 月，海珠国家湿地公园通过验收，更名为"广东广州海珠国家湿地公园"，是广州地区第一个国家湿地公园。

2016 年 2 月，《广州市城市总体规划（2011～2020 年）》获国务院批复。

2016 年 9 月，广州市政府印发《广州市生态文明建设规划纲要（2016～2020 年）》。

2016 年 10 月，2016 广东 21 世纪海上丝绸之路国际博览会主题论坛——产能合作与创新发展高端论坛在广州举行。

2016 年 12 月，南沙整车进口口岸首迎单航次大批量密集进口，标志着美国西岸—广州南沙国际滚装班轮航线正式打通。

2017 年 4 月，国家文物局在广州召开海上丝绸之路保护和申遗工作会议。会议推选广州为申遗牵头城市。

2017 年 11 月，《粤港澳大湾区城市群年鉴（2017）》《粤港澳大湾区城市群概览》（繁体字版）、《粤港澳大湾区城市群手册（2017）》创刊号在白云国际会议中心首发。

2017 年 12 月，广州国际人工智能产业研究院在南沙区挂牌成立。

2018 年 4 月，博鳌亚洲论坛"粤港澳大湾区"分论坛提出，南沙将打造重要合作平台，服务粤港澳大湾区建设。

2018 年 6 月，实施《广州市加快规划建设北部山区特色小镇实施方案》，全力推进特色小镇创建工作。

深圳

2012 年 4 月，前海合作区系列项目启动。

2012 年 9 月，深圳大鹏新区规划首度亮相，拟打造世界级度假区。

2013 年 2 月，前海建成全国首个绿色保税物流园区。

2013 年 4 月，广州、深圳、珠海共商南沙、前海、横琴三大平台建设大计。

2013 年 11 月，《深圳国际生物谷总体发展规划（2013～2020 年)》公布实施。

2015 年 7 月，前海蛇口自贸新城建设启动。

2015 年 10 月，深圳湾滨海休闲带西段项目开工建设。

2017 年 3 月，深圳市宣布已成功申请成为 2016 年国家海绵城市建设试点城市。

2017 年 4 月，前海妈湾片区规划发布，将打造成为"一带一路国际经贸合作先导区"。

2018 年 5 月，习近平总书记在党的十八大后首次离京考察深圳前海，提出继续扩大改革开放。

2018 年 9 月，《深化中国（广东）自由贸易试验区制度创新实施意见》正式印发。

青岛

2014 年 4 月，国内最长海底公路隧道——青岛胶州湾海底隧道，在通车试运营两年后通过竣工验收，这标志着隧道建设程序的最终完成并步入正式运营。

2014 年 6 月，国务院批准同意设立青岛西海岸新区。

2015 年 3 月，青岛成为国内首个开展海运跨境电子商务直购进口的城市。

2015 年 4 月，青岛、济南、郑州、太原、西安、兰州、银川、西宁、乌鲁木齐、拉萨等 10 个海关关长共同在青岛签署《丝绸之路经济带海关合作协议》，丝绸之路经济带海关区域通关一体化改革启动。

2016 年 1 月，经国务院常务会议决定，青岛将设跨境电子商务综合试验区。

2017 年 4 月，青岛西海岸新区在全国率先成立"国家新区研究院"，研究全国国家级新区的发展规律、方向、途径等重大战略问题。

2017 年 6 月，来自西班牙、意大利的邮轮船供物资在青岛邮轮母港码头装载上船，这标志着青岛邮轮母港成为全国首家开展进口物资邮轮船供的邮轮港口。

日照

2012 年 3 月，日照中心商务区商业开发正式启动。

2012 年 10 月，第一个国家级引智试验区在日照市挂牌成立。

2014 年 1 月，日照市成功列入国家二级物流园区发展规划布局城市，首次上升为国家层面战略规划布局城市。

2015 年 4 月，国家发改委联合科技部、国土资源部、环保部、国家海洋局等 11 部局联合发文公布了全国生态保护与建设示范区名单，日照市作为全国唯一一个沿海地级市入选。

2018 年 7 月，国务院批复设立日照综合保税区。

杭州

2012 年 3 月，市政府与中国移动浙江公司签订杭州"智慧城市"建设合作协议。

2012 年 4 月，杭州被联合国教科文组织批准加入全球创意城市网络，成为国内首个"工艺与民间艺术之都"。

2012 年 12 月，中国（国际）休闲发展论坛发布第三届中国十大休闲城市榜单，杭州列第 4 位。

2014 年 6 月，第三十八届世界遗产大会宣布中国大运河被列入《世界遗产名录》。

2015 年 3 月，国务院批准设立中国（杭州）跨境电子商务综合试验区。

2017 年 9 月，杭州入选联合国世界旅游组织（UNWTO）公布的"全球 15 个旅游最佳实践样本城市"。

2018 年 9 月，2018 中美旅游高层对话在杭州开幕，共同推广实效型合作项目，开创中美旅游业互利双赢新局面，推动中美旅游交往向更深层次发展。

宁波

2012 年 4 月，国内首个智慧城管中心在宁波正式投入运行。

2013 年 8 月，住房和城乡建设部公布 103 个国家智慧城市试点名单，宁波市列入试点。

2015 年 5 月，国内首家城市创业联盟——宁波创业联盟成立。

2015 年 8 月，宁波空港跨境电子商务"一般进口"模式上线，正式开通跨境直购，宁波市由此成为全国跨境直购 7 个试点城市之一。

2015 年 11 月，宁波跨境贸易电子商务服务试点项目通过国家联合验收组竣工验收，成为全国首个完成跨境试点项目验收的试点城市。

2016 年 6 月，国家发改委、住建部联合发布《长江三角洲城市群发展规划》，宁波都市圈正式列入长江三角洲城市群。

2016 年 11 月，宁波被列为首批 38 个全国健康城市试点市。

2016 年 12 月，停泊在北仑第二集装箱码头的"中海釜山"轮完成 2500 标准箱装卸作业，舟山港年货物吞吐量一举突破 9 亿吨，成为全球首个 9 亿吨大港。

2017 年 1 月，宁波成为全国首个获准建设的跨境电商知名品牌创建示范区。

2017 年 3 月，住建部公布全国第一批城市设计试点城市，宁波入选。

2017 年 8 月，象山花岙岛通过验收，成功创建浙江省首个海岛地质公园。

2018 年 8 月，宣布宁波正式成为全国首个"中国制造 2025"试点示范城市，这是国家赋予宁波探路先行、探索创新的重大使命。

福州

2012 年 5 月，国家旅游局公布了首批 18 个"国家智慧旅游试点城市"，福州市入选。

2012 年 10 月，第一个国家级引智试验区——中国福州海西引智试验区揭牌。

2013 年 11 月，福州成为国家公交都市建设示范工程试点城市。

2014 年 5 月，福州举行 21 世纪海上丝绸之路市长（高峰）论坛。政府官员和社会各界知名专家学者提出打造 21 世纪海上丝绸之路战略枢纽城市的发展构想。

2014 年 12 月，国务院决定设立中国（福建）自由贸易试验区，包括了福州片区、厦门和平潭片区。

2015 年 9 月，国务院日前印发《关于同意设立福州新区的批复》。

2015 年 11 月，福建省有关部门发布《福建省 21 世纪海上丝绸之路核心区建设方案》，着力从加强海洋合作、加快设施互联互通等 8 个方面推进 21 世纪海上丝绸之路核心区建设。

2016 年 11 月，福建省政府批复《福州新区发展规划》。

2017 年 7 月，国家海洋局海岛研究中心对长乐区沙滩的未来做了总体规划。

厦门

2012 年 12 月，中共厦门市委十一届五次全体（扩大）会议决定全面实施跨岛发展战略。

2013 年 1 月，厦门市被国务院安委会办公室确定为创建全国安全发展示范城市试点单位。

2013 年 11 月，厦门被正式授予首批国家公共文化服务体系示范区。

2013 年 12 月，厦门市成为首批国家信息消费试点示范市。

2014 年 2 月，厦门成为大陆首个获准经营两岸海运快件业务的城市。

2014 年 4 月，国家质检总局正式批准鼓浪屿风景名胜区筹建"全国艺术文化海岛旅游产业知名品牌创建示范区"。

2015 年 3 月，《美丽厦门环境总体规划（2013～2030 年)》通过专家评审，成为福建省首个通过国家专家评审论证的城市环境总体规划。

2016 年 4 月，厦门市十四届人大常委会第三十五次会议表决通过《厦门经济特区多规合一管理若干规定》，成为全国首部"多规合一"的法规。

2017 年 9 月，联合国教科文组织总干事伊琳娜·博科娃向厦门市市长庄稼汉颁发了"鼓浪屿：历史国际社区"的世界遗产证书。

珠海

2013 年 1 月，第三届中国智能城市大会授予珠海市政府"中国智能城市推动奖"。

2013 年 2 月，广珠铁路的全线贯通，让珠海港成为华南地区少数具备"江、海、公、铁、空"全方位集疏运体系的港口。

2013 年 7 月，第八届城市发展与规划大会将在珠海举办，专家将就《生态城市规划与实践的创新发展》《未来城市——未来城市的规划和融资》等话题展开讨论。

2013 年 8 月，珠海西部生态新城正式动工建设。

2013 年 12 月，粤港澳合作示范区在横琴正式揭牌运营。

2015 年 4 月，横琴新区举办"中国自由贸易试验区珠海横琴新区片区创新研究院战略合作框架协议"签约仪式，以横琴片区为主体，以若干个专业研究机构为支撑的"1＋X 智库群"正式形成。

2015 年 6 月，广东自贸试验区横琴片区两大青年创业平台——横琴·

澳门青年创业谷和北京大学创业训练营横琴基地揭牌运营。

2015 年 7 月，横琴自贸片区对外发布《2015 年广东自贸试验区珠海横琴片区改革创新发展总体方案》。

2016 年 4 月，2016 年海绵城市试点竞争性评审会议公布珠海市位列第二，成功入选。

2017 年 7 月，市政府通过了《珠海市智能城市行动计划（2016～2020年）》。

2017 年 9 月，《珠海西部地区慢行交通（人行过街）设施专项规划》在市住规建局官网公示。

2018 年 10 月，港珠澳大桥开通仪式于 23 日上午在广东珠海举行，习近平总书记出席仪式并宣布大桥正式开通。港珠澳大桥跨越伶仃洋，东接香港，西接广东珠海和澳门，总长约 55 公里，是粤港澳三地首次合作共建的超大型跨海交通工程。

湛江

2013 年 6 月，省政府批准《湛江海东新区建设工作方案》。

2013 年 9 月，湛江市首个物流产业园——湛江海田物流产业园挂牌成立。

2013 年 12 月，国内首条西部沿海高铁首段——茂湛铁路完成全线铺轨。28 日，茂湛铁路开通运营。

2014 年 3 月，湛江港至日本集装箱班轮航线首航。

2015 年 5 月，湛江获批行使地方立法权，成为广东省首批、粤西首个获准开始制定地方性法规的设区市。

2015 年 6 月，国家发改委批复合浦至湛江铁路建设。

2015 年 8 月，湛江经济技术开发区获批"国家循环化改造示范试点园区"。

2015 年 11 月，21 世纪海上丝绸之路沿线港口论坛在湛江举行。会议发布 21 世纪海上丝绸之路沿线港口合作《湛江宣言》。

2016 年 1 月，湛江被确定为国家循环经济示范城市建设地区，成为广东省继广州市之后第二个国家循环经济示范城市建设地区。

2018 年 2 月，湛江高新技术产业开发区升级为国家高新技术产业开发区，实行现行的国家高新技术产业开发区政策。

2018 年 11 月，中国海洋经济博览会主论坛——2018 中国海洋经济发展高端论坛在湛江举行。各地专家学者研讨"海洋强国"和"21 世纪海上丝绸之路建设"战略实施以来海洋经济发展成就、机遇和潜力。

海口

2012 年 6 月，《海口国家高新区中长期产业规划》通过专家评审，高新区发展愿景总体定位为滨海科技新城、南国生态智谷。

2012 年 8 月，《海口市土地利用总体规划（2006～2020 年)》获国务院批准。

2012 年 12 月，湛江市政府与海口市政府共同签订《湛江海口旅游港航业合作框架协议》。

2013 年 4 月，《海口市东寨港旅游区（西区）单元控制性详细规划》《海口市美安科技新城一期控制性详细规划》《海口石山火山群国家地质公园主园区控制性详细规划》《海口市公共交通专项规划》《海口市快速路网系统专项规划》《海口市道路交通组织管理规划》等多项规划通过。

2013 年 12 月，海南省"十二五"重点建设项目——海南港航马村中心港区正式投入运营。

2014 年 12 月，市政府审议通过《海口市蓝线规划》。

2015 年 7 月，海口启动"双创"模式。

2015 年 8 月，市委出台《海口市"多规合一"改革实施方案》。

2016 年 12 月，《海口市总体规划》获省政府通过，实现发展目标、坐标、指标"一张蓝图"全方位统筹。

2017 年 1 月，《海口市城市黄线专项规划（2013～2020 年)》和《北部湾城市群发展规划》获得正式批复。

2017 年 6 月，《海口市湿地保护修复总体规划》编制完成，市人大常委会出台《关于加强湿地保护管理的决定》。

2017 年 7 月，海口入选第三批生态修复城市修补试点城市。

2017 年 10 月，国家海洋局正式批复《海南省海口市"湾长制"试点工作方案》，标志着海口正式成为全国首批 5 个"湾长制"试点地区之一。

2017 年 12 月，海口美舍河国家湿地公园、海口五源河国家湿地公园获批为国家湿地公园试点。

2018 年 6 月，海南省委、省政府决定设立海口江东新区，建设成为中国（海南）自由贸易试验区的集中展示区。

2018 年 10 月，海口市获全球首批"国际湿地"城市。

Abstract

The Faculty of Innovation and Design of City University of Macau invites scholars who are in the "Urban Planning and Design" field, and they are from Hong Kong, Macao Taiwan and China Mainland. They co-authored the "Annual Report on the Development of Coastal Cities in China (2018 – 2019)". The book consists of three parts: General Report, City Evaluation and Appendix. Also, it includes 12 reports, which is accompanied by a major event on the development of Chinese coastal cities from 2012 to 2018. The book is about the current situation, problems and characteristics of Chinese coastal cities in 2018 as well as research reports on the future development trends and policy advices for coastal cities.

The year of 2019 is the 20th anniversary of Macao's return to the motherland. This moment not only has important historical significance, but also symbolizes that Macao has made a new beginning in the mission of China's coastal city agglomeration to lead the development of tourism economy with a global vision. The combination of economic globalization and regional economy makes the coastal cities with geographical advantages and precious resources rise rapidly. World-renowned cities such as New York, San Francisco and Tokyo are all coastal cities, which are developed due to their superior environmental conditions. The economy for harbour areas has also brought many economic opportunities for urban development where the country is located. Also, it has created an amazing urban entity construction and opened up a new look of the coastal city. Today, China has also become a world economic powerhouse, and has continuously improved its economic development. With the opening of the Hong Kong-Zhuhai-Macao Bridge and the implementation of the relevant policies of Guangdong-Hong Kong-Macao Greater Bay Area, it has gradually driven the urban economic development along the coast. In view of this, this book covers

Dalian, Tianjin, Qingdao, Shanghai, Ningbo, Xiamen, Shenzhen, Sanya, Tainan (Taiwan), Hong Kong and Macao. The scope of the study covers representative cities in the four sides of the Taiwan Straits. The aforementioned coastal cities have their own city characteristics and development bases, involving livable cities, eco-cities, smart cities, efficient cities, urban renewal, urban features, world heritage, coastal landscapes, tourism development and economic industries. At present, at the national policy level, after the opening of the Hong Kong-Zhuhai-Macao Bridge, the three-site links and the coordinated development of the city will be formed, and various different aspects will be faced in the future development of the major coastal cities. It will explore the challenges of different levels faced in the future development of major coastal cities. Based on this, the research on the current situation of specific cities also provides a basis for reference.

In the book, the experts and scholars take corresponding research methods for the topics and concerns in different coastal cities through careful literature review supplemented by qualitative research methods or quantitative research methods. From the perspective of urban development, readers can clearly understand the changes that may be happened in coastal cities in the current conditions and in the future. At the same time, this book can also be regarded as China's next vision of "Chinese Coastal City Development" from the perspective of academic research in the era of economic development. Through the selection of specific coastal cities, this book proposes possible countermeasures and suggestions in each chapter of the report on its current status and problems. It is expected that more social discussions can be developed and the development of Chinese coastal cities will be added together.

Keywords: Coastal City; City Planning and Design; Economy and Industry Development; Social Benefit

Contents

Ⅰ General Report

B. 1   Principles and Methods for Assessing and Ranking Livable

Coastal Cities in China   *Shen Guoqiang* / 001

Abstract: According to the United Nations, livable cities are "peaceful, harmonious, hopeful, respectful, healthy, and happy". In addition, coastal cities should also have coastal ecological and spatial characters and develop good trade, social, cultural, educational, recreational, and innovative businesses. However, not all coastal cities are equally livable and their development paths also vary. This chapter, based upon the research, planning, and preservation of sustainable, smart, unique, and creative cities in the world, plus widely-used quantitative evaluation and ranking models, proposes some practical principles and operational methods suitable to Chinese coastal cities, including novel models that take into account multi levels, critical factors, and dynamic processes of livability assessment and ranking.

Keywords: Livability; Coastal Cities; System and Methods; Quantitative and Qualitative

II City Evaluation

B. 2 Dalian: Urban Tourism Development, Economic Industry
Optimization and Urban Style Construction

Wang Xiaojun / 015

Abstract: Dalian is an important coastal economic, commercial, industrial and tourism city in northern China, with unique geographical advantages, port and coastline resources, rich historical and cultural background and unique and diverse urban cultural characteristics. This paper focuses on the development process and features of Dalian city based on these characteristics. Dalian has a long history of urban development. At the beginning of reform and opening up, Dalian began to show its characteristics of tourism city with the transformation process from an industrial city to a tourism city. This paper chooses representative cases to illustrate the development process of different types of urban tourism resources in Dalian. In the aspect of Dalian's urban industrial optimization, this paper elaborates on four major industrial cores of Dalian, namely tourism service industry, innovative industry, port and bonded area, and expounds the process of Dalian's industry optimization relying on port conditions and natural resources to vigorously develop modern service industry. In the aspect of urban style construction, this paper expounds the natural style, humanistic style and industrial style, and summarizes the macro, meso and micro urban style shaping methods.

Keywords: Northern Coastal City; Urban Tourism Development; Economic Industry Optimization; Traditional Urban Style Construction

B. 3 Planning Strategy of Coastal City New-developing District Based on Regional Ecological Synergy

—*A Case Study of Tianjin Binhai New Area*

Chen Tian, *Li Yangli* / 032

Abstract: Oceans and coastal cities are essential parts of land-ocean ecosystem. The development of coastal cities has strong impact on the ocean and land-ocean ecosystem. Conversely, the city is also significantly affected by the ocean. Most previous urban planning studies pay more attention to the land ecosystem and less focus on the interaction between urban area and ocean. Firstly, this research takes Tianjin Binhai New Area as a case study, and it aims to reveal the overall coordination between the ecological development strategies and ocean ecosystem protection strategies based on the ecologically Synergetic Development of Jing-Jin-Ji. Secondly, the research concludes the patterns and results of the interrelationship between coastal city and marine ecosystem from the impact of coastal city and ocean (climate, geology, ocean hazard, pollutions, biodiversity, coastline change and sea reclamation, etc.). The research claims the planning strategies and methods of urban sustainable development and land-ocean ecosystem environment protection in Tianjin Binhai New Area. Thirdly, the research analyzes how to reduce the impact of sea reclamation to the ocean ecology. The ecological sea reclamation planning strategy is proposed from urban function area: including density, traffic, coastline form and eco-system to reduce negative effects of reclamation to ocean ecology. Finally, taking Sino-Singapore Tianjin Eco-city as an example, the paper tries to provide suggestions to the space planning for slowing transportation.

Keywords: Ocean; Coastal City, Jing-Jin-Ji; Sea Reclamation; Sino-Singapore Tianjin Eco-city

B. 4 Qingdao: Urban Development and Planning

Wang Lin, Wang Weiling / 051

Abstact: After been planned and constructed for over 100 years, Qingdao has become one of the modern planning and construction pilot cities in Chinese history which is discovered by the sea and flourished because of the sea with over 800 kilometers coastline. From the two aspects of Qingdao's construction process and urban planning, this paper discusses the social background of the planning, and analyzes the planning concept, planning preparation, planning implementation, planning consciousness and planning limitations of the overall planning of Qingdao. The construction of modern cities needs to focus on urban planning and objectively analyze the advantages and characteristics of the city, on this basis, responds to the latest requirements of today's economic and social development. By recognizing the latest edition of the overall planning of Qingdao, Qingdao Laoshan biota and the main content of the planning and construction of the Qingdao sea coastal zone to summarize the construction of Qingdao urban development and planning.

Keywords: Qingdao; Urban planning; Urban Development

B. 5 Shanghai: New City Construction, Community Development

Planning and Historical and Cultural City Protection

Liu Bing, Zhang Qiuyang and Xu Yijing / 064

Abstract: As an international metropolis, a national central city and a historical and cultural city, Shanghai has a multi-faceted urban character. In the past 40 years of reform and opening up, the background of China's social and economic system has undergone tremendous changes, and the urban spatial development strategy has also changed. Firstly, Based on the stage division of Shanghai planning and construction during this period, the changes of urban spatial planning structure are first described. Secondly, according to the type of functions, this paper selects typical cases such as new city, traditional community, historical district and riverside area, analyzing its planning and implementation, and exploring the innovative explorations and experiences of Shanghai in the construction of new district, community construction and historical protection. Through the cases, this paper evaluates the characteristics of Shanghai urban planning management and governance system, including the coordination of planning design and development management, the application of urban design methods, the promotion of historical block protection and renewal, and the rise of community planner system. Finally, this paper summarizes the paradigm shift of urban planning and design work in Shanghai since the reform and opening up.

Keywords: Shanghai New City Construction; Community Development Planning; Historical and Cultural City Conservation; Lujiazui Financial Center District; Lingang New City

B. 6　Xiamen: Transformation of Village in the City, Village and Town Construction and Urban Development

Li Mengshun / 082

Abstract: In 1980, Xiamen after the establishment of special economic zones, successively proposed strategies such as "integration within and outside the island", "cross-island development" and "multi-center in one island and one Belt". The appearance of Xiamen City has undergone tremendous changes, and the Xiamen Bay has its geographical advantages and the size of the land, Propose that "beautiful Xiamen" development plan. Xiamen is also working towards the "national central city". Under such a background, how to optimize its spatial layout and solve the problem of resource allocation has become an important task for Xiamen. Through the observation of several reconstruction modes, this paper analyzes the construction of villages and towns inside and outside Xiamen Island by "cross-island development" and discusses the impact of Xiamen urban development on village reconstruction.

Keyword: Xiamen; Transformation of Village in the City; Cross-Island Development; Integration Within and Outside the Island; Gulf City

B. 7 Shenzhen: Smart City, Urban Renewal and Urban Marketing

Ke Chunpeng, Ye Changdong and Li Jianling / 094

Abstract: Since the reform and the opening of its market economy, Shenzhen's urban development has experienced four stages: the industrial-oriented special economic zone city, the new city driven by the market economy, the sustainable city with environmental quality priority, and the international city driven by the innovation economy. The spatial pattern has gradually shifted from epitaxial expansion to intrinsic growth. Smart cities, urban renewal, and urban marketing have become the three major themes for promoting sustainable development in Shenzhen. From a smart city's perspective, Shenzhen has established a smart support system including smart government, smart community, smart transportation, smart medical care, etc. In terms of urban renewal, Shenzhen has adopted a variety of transformative models including renovative development types, government-oriented and market-operated paradigms. It has also formed a set of urban renewal policy systems such as laws, regulations, policies, technical standards, and operations at various levels. With regard to urban marketing, the city has successfully transformed its image from a "world factory" to a "high-tech innovative civilized city" through the platform of big international events such as the Universiade, the High-Tech Fair, and the Cultural Fair.

Keywords: Shenzhen; Urban Renewal; Smart City; Urban Marketing

B. 8　Sanya：Coastal Tourism Development，City Image Creation and Urban Recreation Area Construction in Tropical Islands

Yu Siqi / 116

Abstract：Sanya is located in the southernmost tip of China and has a typical tropical island，which makes it an excellent example of coastal tourism development. It has characteristics of islands，rich resource，unique culture and fragile ecological system as its basis. From 1988 to now，Sanya has always put tourism in the first place in urban planning and adheres to the development goal of an international tropical coastal tourist city. Through the mountains and sea corridors，portals，architectural colors，green landscapes，brand marketing，etc.，it continues to strengthen the urban space characterized by islands to create the image of the city. It also pays attention to the sustainability of the island through the restoration of mountains，seas，and rivers. In order to utilize the coastal resources to promote urban development，Sanya began to establish urban recreation areas. It has now laid out several recreation areas as a belt-like gathering along the coastline，focusing on the island theme，culture，ecology，landscape，and leisure. And Yalong Bay is the representative of these urban recreation areas.

Keywords：Tropical Zone；Island；City Image；Recreation Area

B. 9　Tainan：Historical and Cultural Heritage Protection，Canal Environmental Protection and New Urban Construction

Xie Junmin，Li Yongqi and He Yixuan / 130

Abstract：Climate change has severe impacts on the historic and cultural heritage around the world. This paper evaluated the harmfulness and influence of climate factors on the cultural heritage long time exposed to the outside environment in Tainan. It provided a reference basis for sustainable maintenance by the relative climatic risk levels of cultural heritage. Meanwhile，the energy consumption has increased, and the thermal comfort became worsen in recent years due to the high temperature phenomenon of urban heat island. This study explored the microclimate countermeasures of the coastal area of Tainan City by utilizing the summer sea breeze. Various simulations were carried out to analyze and discuss the influence of spatial planning and design strategy on microclimate environment. The main strategies included the adjustment of the floor area ratio, the setback restriction of buildings and the public space preservation. The strategies of Tainan's urban renewal plans were to strengthen the waterfront urban structure on both sides of the canal. The Blue-Green Belt Renewal Project, an important spatial redevelopment plan for urban public interests, is aimed to revive urban vitality and improve the surrounding living environment.

Keywords: Cultural Heritage; Urban Climate; Urban Renewal; Tainan

B. 10　Hong Kong, Macau and Greater Bay Area: Efficient City Operation and Management, International City Tourism and City Ecological Protection　　*Ni Mengzheng* / 148

Abstract: From the perspective of urban planning and transportation in Hong Kong and Macau, this paper reviews the large infrastructure under development in the surrounding area. The purpose is to explore the rapid growth of tourism and regional mobility and how it can be rapidly transformed, and to integrate China's coastal cities such as Hong Kong and Macau to develop a model for the development of the Greater Bay Area. This paper also presents the view of urban resilience. Resilience is generally considered to be the potential to absorb external shocks such as natural disasters without changing its basic function or moving to a different state. The originality and value of this research is to provide a correlation with the rapid growth of tourism and regional mobility, and the long-term shift that this huge change has brought to tourism cities and their inhabitants. The large infrastructure currently being developed in Greater Bay Area and its surrounding areas provides better and closer integration between regions and also improves efficiency in returning to and from the city. Therefore, the discussion of efficient urban operations and management, cosmopolitan tourism and urban ecological protection from the perspective of resilient cities, including built-up environments can be regarded as a breakthrough.

Keywords: Resilient City; Efficient City Operation and Management; International City Tourism; City Ecological Protection

B. 11　Macao: Protection of World Heritage Sites, Construction of Tourist Centers, and the Hong Kong-Zhuhai-Macao Link

Zhu Rong, Wang Boxun and Wu Wei / 163

Abstract: This article reviews the realistic background and history of Macao's successful application for World Heritage, socio-economic development and urban industrial transformation, and proposes overall protection, digital management, renovation and concatenation of the world heritage sites to tackle the challenges and exploit the opportunities associated with the protection of world heritage sites, planning and construction of tourist centers in the cities, regional synergic development based on urban transport for the Hong Kong-Zhuhai-Macao Link. Meanwhile, this article also promotes development of diversified tourism services for industrial transformation, which not only brings about positive interactions between the cultural heritage, the tourism industry and the cultural and creative industries, but also facilitates rational use and development of waterfront tourism spaces, coordination of port nodes and integration of regional transport networks. Finally, this article proposes a number of suggestions for improvement.

Keywords: Macao; Protection of World Heritage Sites; Construction of Tourist Centers; Hong Kong-Zhuhai-Macao Link

Ⅲ   Appendix

B. 12   Chinese Coastal Cities Development Events (2012 −2018)

Yin Xiaoxin, Zhao Xiaoming and Liang Huilan / 182

权威报告·一手数据·特色资源

皮书数据库
ANNUAL REPORT(YEARBOOK)
DATABASE

当代中国经济与社会发展高端智库平台

所获荣誉

- 2016年，入选"'十三五'国家重点电子出版物出版规划骨干工程"
- 2015年，荣获"搜索中国正能量 点赞2015""创新中国科技创新奖"
- 2013年，荣获"中国出版政府奖·网络出版物奖"提名奖
- 连续多年荣获中国数字出版博览会"数字出版·优秀品牌"奖

成为会员

通过网址www.pishu.com.cn访问皮书数据库网站或下载皮书数据库APP，进行手机号码验证或邮箱验证即可成为皮书数据库会员。

会员福利

- 已注册用户购书后可免费获赠100元皮书数据库充值卡。刮开充值卡涂层获取充值密码，登录并进入"会员中心"—"在线充值"—"充值卡充值"，充值成功即可购买和查看数据库内容。
- 会员福利最终解释权归社会科学文献出版社所有。

社会科学文献出版社 皮书系列
SOCIAL SCIENCES ACADEMIC PRESS (CHINA)
卡号：286665488755
密码：

数据库服务热线：400-008-6695
数据库服务QQ：2475522410
数据库服务邮箱：database@ssap.cn
图书销售热线：010-59367070/7028
图书服务QQ：1265056568
图书服务邮箱：duzhe@ssap.cn

S 基本子库
UB DATABASE

中国社会发展数据库（下设 12 个子库）

全面整合国内外中国社会发展研究成果，汇聚独家统计数据、深度分析报告，涉及社会、人口、政治、教育、法律等 12 个领域，为了解中国社会发展动态、跟踪社会核心热点、分析社会发展趋势提供一站式资源搜索和数据分析与挖掘服务。

中国经济发展数据库（下设 12 个子库）

基于"皮书系列"中涉及中国经济发展的研究资料构建，内容涵盖宏观经济、农业经济、工业经济、产业经济等 12 个重点经济领域，为实时掌控经济运行态势、把握经济发展规律、洞察经济形势、进行经济决策提供参考和依据。

中国行业发展数据库（下设 17 个子库）

以中国国民经济行业分类为依据，覆盖金融业、旅游、医疗卫生、交通运输、能源矿产等 100 多个行业，跟踪分析国民经济相关行业市场运行状况和政策导向，汇集行业发展前沿资讯，为投资、从业及各种经济决策提供理论基础和实践指导。

中国区域发展数据库（下设 6 个子库）

对中国特定区域内的经济、社会、文化等领域现状与发展情况进行深度分析和预测，研究层级至县及县以下行政区，涉及地区、区域经济体、城市、农村等不同维度。为地方经济社会宏观态势研究、发展经验研究、案例分析提供数据服务。

中国文化传媒数据库（下设 18 个子库）

汇聚文化传媒领域专家观点、热点资讯，梳理国内外中国文化发展相关学术研究成果、一手统计数据，涵盖文化产业、新闻传播、电影娱乐、文学艺术、群众文化等 18 个重点研究领域。为文化传媒研究提供相关数据、研究报告和综合分析服务。

世界经济与国际关系数据库（下设 6 个子库）

立足"皮书系列"世界经济、国际关系相关学术资源，整合世界经济、国际政治、世界文化与科技、全球性问题、国际组织与国际法、区域研究 6 大领域研究成果，为世界经济与国际关系研究提供全方位数据分析，为决策和形势研判提供参考。

法律声明

"皮书系列"（含蓝皮书、绿皮书、黄皮书）之品牌由社会科学文献出版社最早使用并持续至今，现已被中国图书市场所熟知。"皮书系列"的相关商标已在中华人民共和国国家工商行政管理总局商标局注册，如 LOGO（▮）、皮书、Pishu、经济蓝皮书、社会蓝皮书等。"皮书系列"图书的注册商标专用权及封面设计、版式设计的著作权均为社会科学文献出版社所有。未经社会科学文献出版社书面授权许可，任何使用与"皮书系列"图书注册商标、封面设计、版式设计相同或者近似的文字、图形或其组合的行为均系侵权行为。

经作者授权，本书的专有出版权及信息网络传播权等为社会科学文献出版社享有。未经社会科学文献出版社书面授权许可，任何就本书内容的复制、发行或以数字形式进行网络传播的行为均系侵权行为。

社会科学文献出版社将通过法律途径追究上述侵权行为的法律责任，维护自身合法权益。

欢迎社会各界人士对侵犯社会科学文献出版社上述权利的侵权行为进行举报。电话：010-59367121，电子邮箱：fawubu@ssap.cn。

社会科学文献出版社